「 な る ほ ど

年代	2020年から数えて○○年前の出来事			
1320年前…			701	
1310年前…	710年	平城京遷都		
1280年前…			741年	国分寺・国分尼寺建立の命令
1120年前…			901年	菅原道真が大宰府に左遷
970年前…			1051年	前九年合戦
840年前…	1180年	源平の争乱が始まる		
800年前…			1221年	承久の乱
740年前…			1281年	弘安の役
450年前…			1571年	延暦寺焼きうち (織田信長)
430年前…	1590年	豊臣秀吉が天下統一を達成		
420年前…	1600年	関ヶ原の戦い		
380年前…			1641年	オランダ商館が出島に移転
300年前…			1721年	目安箱の設置
230年前…	1790年	寛政異学の禁が始まる		
180年前…	1840年	アヘン戦争が始まる	1841年	天保の改革が始まる
170年前…			1851年	初の万国博覧会 (ロンドン万博)
160年前…	1860年	桜田門外の変	1861年	南北戦争の勃発 (アメリカ)
150年前…	1870年	東京・横浜間に電信が開通	1871年	廃藩置県 岩倉使節団の派遣
140年前…	1880年	国会期成同盟の結成	1881年	国会開設の勅諭 自由党の結党 (板垣退助)
130年前…	1890年	第1回衆議院議員総選挙 帝国議会 (国会) の開設	1891年	大津事件
120年前…	1900年	義和団事件	1901年	八幡製鉄所が操業を開始 ノーベル賞の創設
110年前…	1910年	韓国併合	1911年	関税自主権の完全回復
100年前…	1920年	国際連盟発足 日本初の国勢調査の実施 新婦人協会の設立		
90年前…	1930年	第1回サッカーワールドカップ開催 (ウルグアイ)	1931年	満州事変の勃発 (柳条湖事件)
80年前…	1940年	日独伊三国 (軍事) 同盟の結成	1941年	太平洋戦争の勃発
70年前…	1950年	朝鮮戦争が始まる 警察予備隊の発足	1951年	サンフランシスコ平和条約の締結 日米安全保障条約の締結
60年前…	1960年	アフリカで多くの植民地が独立 (アフリカの年) 日米新安全保障条約 所得倍増計画の発表 (池田勇人内閣)	1961年	人類初の有人宇宙飛行 (ソビエト連邦のガガーリン)
50年前…	1970年	大阪万博 NPT (核兵器不拡散条約) 発効	1971年	環境庁が発足
40年前…	1980年	WHO (世界保健機関) が天然痘根絶を宣言		
30年前…	1990年	東西ドイツ統一	1991年	湾岸戦争、自衛隊初の海外派遣 (ペルシャ湾への掃海派遣部隊) 南アフリカでアパルトヘイト撤廃 ソビエト連邦崩壊
20年前…	2000年	韓国・北朝鮮が平壌で初の南北首脳会談 九州・沖縄サミット	2001年	中央省庁再編 アメリカ同時多発テロ
10年前…	2010年	小惑星探査機「はやぶさ」が地球へ帰還 名古屋市で生物多様性条約第10回締約国会議	2011年	東日本大震災、福島第一原発事故 地上波アナログ放送が終了 (一部地域を除く)

コロナに負けないぞ

新型コロナウイルス感染症（COVID-19）の世界的な流行は、わたしたちの暮らしにも影響を与えました。

感染拡大防止のため、学校は長期間休校となりました。また、外出時はマスクの着用や人との距離をあけることを意識することなどが求められるようになりました。今までは当たり前だったことが、感染拡大防止の観点から工夫が求められるようになりました。

医療従事者をはじめとしたエッセンシャルワーカー（暮らしを維持するために必要不可欠な仕事に就く人々）の方々の頑張り、不要不急の外出を避けたステイホームやテレワーク、公共の場におけるマスク着用など、感染拡大防止への取り組みはわたしたちの未来を守ります。

CHECK
このイベントは日時や場所を事前に公表しなかったのだが、それはなぜだろう？

希望の光 あちこちに

新型コロナウイルス感染の収束を願い、各地で一斉に花火を打ち上げるイベント「Cheer up! 花火プロジェクト」が1日夜に行われた。全国で花火大会の中止が相次いで決まる中、日本煙火協会青年部有志が、自粛に疲れた人たちに笑顔になってもらおうと企画した。

感染拡大防止のため「集客しない」「打ち上げ時間は5分以内」などを条件に全国の花火業者に参加を呼びかけた

全国一斉花火

ところ、163業者が賛同。緊急事態宣言が全国で解除されたことを受け、1日午後8時から札幌市や東京都調布市、横浜市など各地で花火が打ち上げられ、夜空に大輪を咲かせた。

丸玉屋小勝煙火店（東京都）の小勝康平さん（38）は「上を向かなければ、花火は見られない。とにかく事態の収束を願っている」と話した。

上 唐津城そばから打ち上がる花火（4秒露光）（佐賀県唐津市で）下 愛知県豊橋市の花火（いずれも1日午後8時すぎ）

大倉山ジャンプ競技場で打ち上げられた花火（6秒露光）（1日午後8時2分、札幌市で）＝松本拓也撮影

妖怪アマビエ 疫病封じ

肥後伝承「写し、人々に見せよ」

「病がはやったときは、私を写し、人々に見せよ」――。174年前に肥後（熊本県）の海に現れ、そう呼びかけたとされる妖怪「アマビエ」が注目されている。新型コロナウイルスの感染が拡大する中で、SNSで話題になり、厚生労働省も啓発キャラクターに起用した。

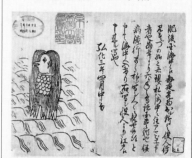

江戸時代に描かれたとされるアマビエの瓦版（京都大学付属図書館所蔵）

アマビエに関する論文を書いた福井県文書館職員の長野栄俊さん（48）によると、アマビエは弘化3年（1846年）4月中旬、肥後の海に現れたとされる。

江戸時代後期頃の瓦版には、海中に光る物が出たため役人が見に行くと姿を現し、「今年から6年間は豊作になる。だが病がはやる。私を写し、人々に見せなさい」と告げた、と記されている。長髪で突き出た口、うろこに覆われたような胴体、3本のひれが特徴的な挿絵も描かれている。

厚労省が啓発キャラ

アマビエが史料として残るのは、この瓦版だけだが、同じ妖怪とみられる「アマビコ」の瓦版は複数存在する。アマビコは「私を写して朝夕見る者は、病気を免れる」などと告げたと記されており、瓦版はお守りとしても売られていた。

令和の現在、その姿はSNSなどで拡散されており、厚生労働省もアマビエをモチーフにしたキャラクターを使い、感染防止を呼びかけている。同省の担当者は「若年者は無症状の感染者が多く、周りに感染を広げる可能性がある。親しまれているアマビエを起用し、関心を高めていきたい」としている。

（「読売新聞」2020年4月15日付）

空から勇気もらう

航空自衛隊の曲技飛行隊「ブルーインパルス」が都心上空を飛行した29日、各地で大勢の人たちが空を見上げ、青空に描かれた真っ白なスモークに見入った。

大田区の荏原病院では午後0時50分頃、ブルーインパルスが上空に姿を現すと、屋外に出てきた看護師ら職員約20人が歓声を上げながら、スマートフォンで撮影するなどした。同病院は、新型コロナウイルスの感染者の治療に当たる感染症指定医療機関。救急外来担当の看護師・川池恵理子さん（47）は「感染を拡大させないように毎日気が張っているので、こんなサプライズはうれしい。これからも気を抜かずに、しっかり業務に当たりたい」と気合を入れ直していた。

墨田区の都立墨東病院周辺でも、空に向かって手を振る人たちの姿が見られた。非番でブルーインパルスを見に駆けつけたという国分寺市の看護師　　　さん（　）は、「コロナに感染しないよう、うつさないように気をつけて仕事をしている。かっこよく飛ぶ姿に励まされた」と笑顔。近くの薬局で働く　　　さん（　）は「感染防止に努めながら、また仕事を頑張ろうと思いました」と話していた。

ブルーインパルスの曲技飛行を見つめる荏原病院の医療従事者ら（29日午後、大田区で）＝飯島啓太撮影

（「読売新聞」2020年5月30日付）

能舞台 マスクの謡

新型コロナウイルスの感染拡大で能楽の舞台活動を自粛していた京都観世会が28日、京都観世会館（京都市）で公演を再開した。感染防止のため、謡を斉唱する「地謡」8人が黒紋付き袴にマスクを着用して登場。伝統や様式を重んじる能では異例のスタイルとなった＝写真、枡田直也撮影。

上演後、会長の片山九郎右衛門さん（55）は「マスク姿は内部でも賛否があったが、観客の安全を優先した」と話した。

（「読売新聞」2020年6月29日付）

新型コロナウイルス感染症の
世界的流行

新型コロナウイルス感染症は、2019年12月に中国の武漢で初の感染者が報告されて以来、短期間のうちに世界各地に広がりました。累計感染者数は2020年4月には100万人、6月には1000万人、9月には3000万人を突破し、その後も感染者数は拡大し続けています。

未知のウイルスとそれにともなう感染症に、世界は大きな影響を受けました。感染拡大防止の観点から経済活動はストップし、GDP（国内総生産）の大幅下落など、各国の経済に多大な影響が出ています。

7月28日、東京ドームで今シーズン初めての観客を入れたプロ野球公式戦（読売巨人対横浜DeNAベイスターズ）が開催された。席の間をあけるため、観客の上限を5000人とした（関口寛人 撮影）（「読売新聞」2020年7月29日付）

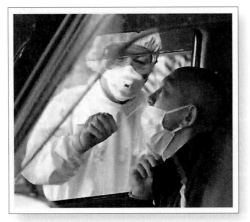

ドライブスルー方式のPCR検査の模擬実演を行う医師（奥、5月16日、調布市で）（「読売新聞」2020年5月17日付）

4月2日、外出制限で人通りが消えたパリの市街地（ロイター）（「読売新聞」2020年5月8日付）

新型コロナウイルスが もたらす分断を「団結」に

　新型コロナウイルスをめぐって様々な情報を耳にします。人々の受け止め方は様々で、外出などを自粛する人がいる一方、営業している店やマスクを外して歩いている人を一方的に非難するような事件・事案も起こりました。

　未知のウイルスをめぐる不安や恐怖が交錯する今だからこそ、他者に対する思いやりについて考えたり、歴史に学んだりすることが重要です。

8月15日、全国戦没者追悼式でお言葉を述べられる天皇陛下と皇后さま（川口正峰 撮影）（「読売新聞」2020年8月16日付）

　２０２０年８月15日、終戦から75年を迎えたこの日、全国戦没者追悼式に臨まれた天皇陛下は、「過去を顧み、深い反省の上に立つ」のお言葉とともに、新型コロナウイルスに関するお言葉を述べられた。

　全国戦没者追悼式において、天皇陛下が時事的な事象に触れられるのは異例のことである。

3月18日、テレビ演説するドイツのメルケル首相（AFP時事）（「読売新聞」2020年3月19日付）

　ドイツのメルケル首相（旧東ドイツ出身）は、テレビ演説の中でこのように述べた。

　「こうした制約（都市封鎖や休業等）は、渡航や移動の自由が苦難の末に勝ち取られた権利であるという経験をしてきた私のような人間（社会主義国の旧東ドイツでは、国民の自由が制限されていた）にとり、絶対的な必要性がなければ正当化し得ないものなのです」

4月27日、職務復帰して首相官邸前で演説するイギリスのジョンソン首相（ロイター）（「読売新聞」2020年4月28日付）

　EU離脱を推進したイギリスのジョンソン首相は新型コロナウイルスに感染し、一時期は病状が悪化した。回復後、病院でニュージーランド・ポルトガル出身の看護師らから受けた介抱へ感謝を述べた。

これまで 当たり前と思っていた日常や風景も、様々な努力の上に成り立っていたことを実感した「緊急事態宣言」が出されて半年以上がすぎ、「ウィズコロナ」あるいは「アフターコロナ」が語られるようになってきています。まだワクチンや治療薬も完成していないにもかかわらず、来年の東京2020オリンピック・パラリンピックの開催に向けた動きも見られます。目にみえず、いまだ正体もはっきりしない状況であり、新たな感染者も出ているのに……。これは、人類が誕生してから数限りない伝染病や自然災害などを克服し、その取り組みを様々な形で記憶・記録してきたことにより、たとえ現在のわたしたちにとって未知の災害・困難であっても、ある程度の即時対応・未来予測ができるようになっていることを意味しています。

　ここ150年ほどの間に起こった出来事に関する未来への記録の中心は新聞記事です。今回の新型コロナウイルスを話題にする際に、第1次世界大戦末期に発生したスペイン風邪と比べることがよくあります。これを可能にしているのはまさに新聞の保存性という特徴だといえます。とくに皆さんは、日本だけにとどまらず、今回の問題のように国境があまり意味を持たなくなる未来の地球の主役となります。そんな皆さんは、歴史を学び、今の世の中を知ることで身につけてきた未来予測の力をもとに、様々な出来事の功罪あわせた問題点を理解しておく必要があるのではないでしょうか。「これから中学受験という戦いに向かう皆さんの力になりたい」というだけでなく、そんな未来への思いも含めて、この「入試に勝つ新聞記事」をつくっています。

浜学園　教科指導部　社会科主管　松本 茂

新聞を パッと広げてみてください。紙面スペースには限りがあります。たとえば新聞の「顔」ともいえる1面。ここに入るニュースはせいぜい3、4本がやっとです。

　記事を書く記者の立場でいえば、この制約は大嫌い。朝刊も夕刊も、どのニュースを掲載するかは編集会議で決定します。ここを突破して自分の記事の掲載が決まっても、苦労してつかんできたスクープ記事であろうと、ライバル社がたどり着けなかった現場からの渾身のリポート記事であろうと、短く要約されてしまったり、自分が一番こだわった部分がばっさり削られていたり——。制約なんてなければいいというのが本音です。

　でも、紙面を編集するデスクの立場からすると、実はここが新聞の真骨頂。制約があるからこそ、記事のエッセンスをどう伝えるのか、考える必要があるからです。限られたスペースの中、短い行数で時にはグラフなども駆使し、できる限り多くの情報を伝えるという工夫が求められます。

　新聞という媒体は日々、このせめぎ合いの末に完成する総合情報商品です。読売新聞は朝刊、夕刊だけでなく、小学生向けの「読売KODOMO新聞」、中学・高校生向けの「読売中高生新聞」、英字紙の「The Japan News」を発行しています。どの新聞でも結構です。ぜひ実際に手にとっていただき、社内の激しいせめぎ合いの末にたどり着いた「工夫」の成果を、紙面から少しでも感じ取っていただければ幸いです。

読売新聞東京本社　教育ネットワーク事務局長　吉池 亮

CONTENTS 目　次

※新聞記事の再掲載にあたり、
写真やレイアウトの一部を
変更している場合があります。

※表紙の新聞記事
2020年3月12日付　夕刊1面
WHO「パンデミック」表明
2020年9月17日付　朝刊1面
菅内閣 発足

「入試に勝つ新聞記事2021」の使い方

入試に勝つ力をつけるため、新聞記事や解説をくり返し読むことが大切です。
問題を解いてから読み直すことで、新たな発見があるかもしれません。

1

理解を深める

新聞記事やその解説などをしっかりと読み、知識を広げ、考えを深めましょう。

❶ 各章の扉ページにある「時事カレンダー」を読む
どんな出来事があったかを確認しましょう。
できれば、その出来事についてみなさんが知っていることを思い出してみましょう。

❷ 新聞記事と解説のページの使い方

A 新聞記事を読む
⇒新聞記事の文章は少し難しいかもしれませんが、まずは新聞記事についている大きな「見出し」を確認して、そこに書かれていることと照らし合わせながら読み進めるとよいでしょう。「CHECK」欄は、その新聞記事を通じて、とくに知っておいてほしいこと・考えてみてほしいことをピックアップしています。

B 「記事のポイント」を読む
⇒新聞記事の文章と比べると、やさしい文章が載っていますので、
新聞記事の文章が難しいと感じた人はまずこちらを読んで、新聞記事の文章と読み比べてみましょう。

C 「ここも勉強しよう!」を読む
⇒新聞記事の時事的な出来事に関連した、入試問題で出題されそうなことがらを掲載しています。

❸ 「この記事もチェックしておこう!」を読む
❷と同じように読み、理解を深めましょう。

❹ 「資料でみる」を読む
各章の出来事を理解するための関連事項が載っています。

2

入試に勝つ力をつける

■1 を通じて身につけた力を発揮する練習問題に取り組みましょう。

❶ 「一問一答にチャレンジ」を解く
「時事カレンダー」「新聞記事と解説のページ」「この記事もチェックしておこう!」を中心に出題しています。
答えを覚えるだけでなく、わからなかった問題の答えをすばやく探し、調べることも重要です。

❷ 「入試予想問題」を解く
時事問題を題材とした総合問題です。6年生のみなさんは時間を計って解きましょう。
5年生以下のみなさんにとっては難しい問題が多いですが、ぜひチャレンジしてみましょう。

❸ 「適性検査・表現型問題」を解く
主に公立中高一貫校などで実施される適性検査型問題を意識したものです。
適性検査型問題が出題される学校を志望する人はこちらも解いておきましょう。

❹ 「一問一答カード」(付録)を活用
「一問一答にチャレンジ」をいつでも携帯して問題に取り組めるよう、単語カードにしました。
「一問一答カード」にのみ収録された問題もあります。

新型コロナと生活

時事カレンダー2020

時期	主な出来事
2019年 12月	中国・武漢で原因不明の肺炎患者を初めて確認
2020年 1月	肺炎の原因が「新型コロナウイルス」と断定
	日本で初の新型コロナウイルス感染者を確認
2月	新型コロナウイルスの正式名称が「COVID−19」となる
	横浜港でクルーズ船「ダイヤモンド・プリンセス」が隔離開始
	北海道の鈴木知事が独自の緊急事態宣言を発令
3月	全国の小中学校・高校・特別支援学校に春休みまでの休校要請
	WHOが新型コロナウイルスの流行をパンデミック(世界的流行)に認定
	改正新型インフルエンザ対策特措法が成立
	東京オリンピック・パラリンピックの開催延期を発表

時期	主な出来事
2020年 3月	新型コロナウイルスに感染した志村けんさんが逝去
4月	世界の新型コロナウイルスの感染者が100万人を突破
	政府による緊急事態宣言が初めて発令(5月に解除)
5月	新型コロナウイルスの抗ウイルス薬レムデシビルが承認
6月	世界の新型コロナウイルスの感染者が1000万人を突破
7月	「Go To トラベル」キャンペーン開始
8月	世界の新型コロナウイルスの感染者が2000万人を突破
9月	菅義偉氏が第99代内閣総理大臣に就任
その他	スポーツの大会や伝統行事など、全国各地で延期や中止が相次ぐ

WHOと新型コロナウイルス

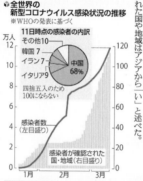

WHO「パンデミック」表明

WHOのテドロス事務局長

（ロイター）

「コロナ」とは？

コロナウイルスの表面には「スパイク」とよばれる突起がある。それが王冠のように見えることから、ラテン語で「王冠」を意味する「コロナ」の語があてはめられた。

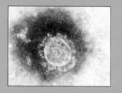

（写真提供：国立感染症研究所）

11月、ジュネーブで記者会見するWHOのテドロス事務局長（中央）（AFP時事）

全世界の新型コロナウイルス感染状況の推移
※WHOの発表に基づく

11日時点の感染者の内訳

中国68%
イタリア9
イラン7
韓国7
その他10
四捨五入のため100にならない

感染者数（左目盛り）

感染者が確認された国・地域（右目盛り）

新型コロナ

世界で11万人感染

110か国超え 対策強化訴え

【ジュネーブ＝広瀬誠】世界保健機関（WHO）のテドロス事務局長は11日、スイス・ジュネーブで記者会見し、感染が拡大する新型コロナウイルスについて「パンデミック（感染症の世界的な大流行）とみなすことができる」と表明した。世界の感染者数が11万人を超え、感染地域も増え続けていることを踏まえ、国際社会にさらなる対策強化を呼びかける狙いがある。

〈会見要旨3面、関連記事3・10面〉

テドロス氏は、感染者は世界の110か国・地域以上で計11万8000人を超えたと説明した。さらに、「中国以外での感染者数は過去2週間で13倍に増えた。今後、感染者や死者、影響を受ける国はさらに増えることが予想される」との見通しを示した。感染が確認された国や地域は「アジアから」欧州や中東、米国へと広がっている。テドロス氏はまた、各国に感染防止策の強化を呼びかける一方、「健康の保護と、経済・社会的な混乱の最小化、人権の尊重のバランスを保たなければならない」と述べた。

一方、テドロス氏は感染者の9割は中国とイタリア、イラン、韓国の4か国に集中していると指摘。感染者の抑制に成功しているとして、「パンデミックは制御できる」とも語った。WHOにはインフルエンザ以外では同じ制度はなく、WHOで緊急事態対応するものだ。

テドロス氏は、4291人が死亡したと説明。

WHOのゲテブレイェスス事務総長は各国に対策強化を呼びかけ、米トランプ政権も入国禁止を含む異例の強い措置を打ち出した。

パンデミックは医学用語で、1月30日にWHOが宣言した「国際的に懸念される公衆衛生上の緊急事態」と異なり、厳密な定義はなく、各国に勧告する権限などもない。国連のゲテブレイェスス事務総長は医療体制の強化、社会的混乱に対処するよう各国に求めた。

パンデミックは「国」を統括するマイク・ライアン氏は記者会見で今回のパンデミック表明について「世界中の感染拡大の現状を表現して行動を呼び起こし、ウイルス封じ込めへ行動を求めるものだ」と語った。引き続き感染の封じ込めに取り組むべきだと強調し、感染拡大に対する強い危機感を示した。

社会、経済 広範な対応を

世界保健機関（WHO）のテドロス事務局長が新型コロナウイルス感染症について、「パンデミック（感染症の世界的な大流行）」と位置づけたのは、WHO側の危機感の表れと言える。国連のゲテブレイェスス事務総長は各国に対策強化を呼びかけ、米トランプ政権も入国禁止を含む異例の強い措置を打ち出した。

新型インフルエンザ対策特別措置法の改正で私権の制限もありうる緊急事態宣言が可能になる日本への影響も小さくない。

2009年の新型インフルエンザの流行時にWHOが「パンデミック」の文言を用いたことで混乱を招いた。今回、五大陸に感染が拡大したにもかかわらず、パンデミック表明が遅れたのも、こうした教訓から慎重になったためとみられる。

（編集委員　笹沢教一）

WHO会見のポイント

▷過去2週間で、中国以外で感染者が13倍に増えた。さらなる増加が予想され、パンデミックとみなせる

▷すべての国は健康の保護と経済・社会的混乱の最小化、人権尊重の均衡を保つ必要がある

▷公衆衛生に限らず、全部門の危機対応の仕組みを拡大するよう呼びかけ

（「読売新聞」2020年3月12日付）

---

❶感染症（伝染病）
ウイルスや細菌、寄生虫などの病原体が体に侵入して症状が出る病気。人類は過去に天然痘・ペスト・コレラなどに苦しめられた（詳細は本書第2章参照）。

❷WHO（世界保健機関）
伝染病（感染症）の撲滅に向けた活動などを行う国際連合の専門機関。本部はスイスのジュネーブ（かつての国際連盟の本部があった都市）。WHOには数多くの研究機関が協力しているが、WHO直轄の研究機関はフランスのリヨン及び兵庫県神戸市に置かれている。

❸パンデミック
感染症（伝染病）の世界的流行を表す言葉。

❹国際連合（国連）
第2次世界大戦を阻止することができなかった国際連盟の反省のうえに成立した、世界の平和と安全を守る組織。日本は日ソが国交を回復して戦争状態が終わった1956年に加盟。現在、193か国が加盟している。

PCR（ポリメラーゼ連鎖反応）検査
新型コロナウイルスの感染を調べる代表的な検査。鼻や咽頭をぬぐって（唾液の場合も）検体をとり、ウイルスを特徴づける遺伝子配列を調べる。抗原検査（ウイルスを特徴づけるタンパク質を調べる）と比べて少量のウイルスでも検出できるが、検査結果が出るまでやや時間がかかる。

記事のポイント

感染症（伝染病）撲滅に向け、舵をとるWHO

人類はこれまでに様々な❶感染症によって苦しめられてきました。海をこえた人や動植物の往来が活発になると、感染症の流行地域も拡大するようになりました。感染症の撲滅は世界平和や環境問題と同じく、各国の協力が必要です。感染症に関する世界初の国際組織は、1907年に設立された国際公衆衛生事務局でした。国際連盟（1920年設立）とは別に存在し、この組織には国際連盟不参加のアメリカも参加しました。第2次世界大戦後、この組織などは解散し、新たにWHOが設立されました（1948年）。**WHOの功績としては、天然痘の撲滅宣言（1980年）などがあげられます。**

WHOのロゴは、蛇が巻きついた杖と地球儀から成っています（左ページのテドロス事務局長の写真参照）。これは、ギリシャ神話に登場する医術の神アスクレピオスが持っていた杖に蛇が巻きついていたことに由来します。

コロナ対応をめぐり、アメリカがWHO脱退を通告

2019年12月、台湾は新型コロナウイルスが人から人に感染する可能性があることをWHOに報告しましたが、中国と対立している台湾はWHOに加盟しておらず、WHOはこの報告について、いったんは否定しました。その結果、各国の対応が遅れたとして、アメリカは新型コロナウイルスの感染拡大につながったと主張しました。アメリカはこのようなWHOの姿勢を「WHOは中国寄り」「公衆衛生より政治を優先している」などと非難し、WHOのテドロス事務局長の解任を求めたり、WHOへの拠出金の停止を示唆したりしました。そして、2020年7月にはアメリカのWHO脱退を正式に通告しました（1年後の2021年7月に脱退が成立予定）。

こ　こ　も　勉　強　し　よ　う　！

✎ DNAとRNA

DNA（デオキシリボ核酸）は生物の細胞の核の中にある酸性の物質で、遺伝子（親から子へ伝える形質の情報）の本体とされます。生物が生きていくためのあらゆる情報がつまっていて、「生命の設計図」と称されています。DNAは鎖のように絡み合う二重らせん構造となっており、生物が生きていくための情報を蓄積しやすくなっています。

一方、**新型コロナウイルスやインフルエンザウイルスは、1本の鎖からなるRNA（リボ核酸）に分類されます。RNAはDNAと比べて不安定で、変異が起こりやすくなっています。**新型コロナウイルスも発生当初から変異をくり返しているのではないかとの説もみうけられます。

✎ ❷国際連合に関する機関

[経済社会理事会の傘下にある専門機関]
- **ユネスコ（国連教育科学文化機関）**→詳細はP62
- **WHO（世界保健機関）**
- **ILO（国際労働機関）**…労働者の地位向上
- **IMF（国際通貨基金）**
  …国際間の資金流通をはかり、為替の安定をめざす

[総会によって設立された機関]
- **ユニセフ（国連児童基金）**
  …紛争地域や発展途上国の子どもたちに援助を行う
- **UNHCR（国連難民高等弁務官事務所）**
  …難民に対する支援を行う

[そのほかの機関]
- **WTO（世界貿易機関）**…自由貿易の促進
- **IAEA（国際原子力機関）**…原子力の平和利用

日本政府のコロナ対応

「緊急事態」知事に強制力

改正新型インフルエンザ対策特別措置法が可決、成立した参議院本会議（13日午後、国会で）＝源幸正倫撮影

新型コロナ特措法

❶改正新型インフルエンザ対策特別措置法の成立により、安倍首相は緊急事態宣言を行うことが可能となった。

❷私権制限を含む強い権限を都道府県知事に付与するもので、政府は専門家の意見を踏まえ、慎重に運用することを強調している。

政府、慎重な運用強調

改正特措法では、厚生労〔働相〕の国内の感染状況について新型コロナウイルスで、「蔓延の恐れが高い」と首相に報告した場合、政府は特措法に基づく対策本部を設置し、基本的対処方針を策定する。

さらに感染が拡大し、首相が緊急事態の恐れがあると判断すれば、感染症の専門家らで構成される「諮問委員会」に緊急事態の要件に当てはまるかどうかを諮る。

諮問委が緊急事態に当たるとの認識を示せば、首相が期間や対象区域を設定し、緊急事態を宣言する。

西村経済再生相は参院内閣委員会で、「（基本的）対処方針の中に専門家の意見をしっかりと聞き、人権を尊重し、（私権制限は）必要最小限としなければならない趣旨を明記する」と語った。

菅官房長官は記者会見で、緊急事態宣言について「現時点は直ちに出すような状況ではない」と述べた。

（「読売新聞」2020年3月14日付）

CHECK 首相が緊急事態を宣言するまでの流れを確認しよう。

首相が緊急事態を宣言する流れ

感染拡大

厚生労働相が首相に蔓延の恐れが高いと報告

↓

政府が特措法に基づく対策本部を設置。対処方針を策定

さらに感染拡大

厚労相が首相に報告

↓

首相が緊急事態に当たるか、諮問委員会に諮問

↓

諮問委が専門的評価

首相が緊急事態宣言

（「読売新聞」2020年3月14日付）

CHECK 都道府県知事の権限を確認しよう。

緊急事態宣言で都道府県知事が実施できるようになる主な措置

不要不急の外出自粛を要請

学校や映画館、スポーツ施設などの使用の制限や停止を要請
→ 応じない場合は停止などを指示

土地や建物の所有者の同意を得て、臨時の医療施設を開設
→ 応じない場合は同意を得なくても使用できる

医薬品や食品などの業者に売り渡しを要請
→ 応じない場合は収用できる

日本国憲法第29条（財産権）

第二十九条 財産権は、これを侵してはならない。

2 財産権の内容は、公共の福祉に適合するや（よ）うに、法律でこれを定める。

3 私有財産は、正当な補償の下に、これを公共のために用ひ（い）ることができる。

重要語句

❶改正新型インフルエンザ対策特別措置法

2009年に流行した新型インフルエンザをふまえ、2012年に民主党政権下で成立した新型インフルエンザ特法の対象を新型コロナウイルスにも拡大したもの。この法律により、新型コロナウイルスの感染拡大に対しても緊急事態宣言の発令が可能になった。

❷私権

私人（一般の人々）が持つ権利。財産権（第29条）など。

❸都市封鎖（ロックダウン）

新型コロナウイルスの拡大を防ぐために中国や欧米などで実施された、住民の外出や移動を制限する措置。

❹マイナンバー（個人番号）

住民票の取得などの行政手続きの効率化を目的として国民1人ひとりに与えられた12桁の番号。マイナンバーカードは様々な場面で本人確認の身分証明書として利用できる。2020年7月時点での普及率は17.5%。

「緊急事態宣言」を可能にした
改正新型インフルエンザ対策特措法

2020年3月、新型コロナウイルスの日本国内における感染拡大にそなえ、❶改正新型インフルエンザ対策特別措置法が成立しました。これにより、新型コロナウイルスの感染拡大が進んだ場合、首相は緊急事態宣言を出すことが可能となりました。

緊急事態宣言が出された場合、都道府県知事は住民に対して外出自粛を要請したり、行楽地や商業施設などに対して営業自粛を要請することができます。医薬品や食料品を強制的に取得したり、臨時の医療施設を開設するために土地や建物を使用することもできます。

日本では、自粛は強制ではなく「要請」

緊急事態宣言が出されたときに認められている都道府県知事による外出自粛要請や休業要請は「要請（強いお願い）」であるため、従わなくても刑罰が科されることはありません。一方、新型コロナウイルスが最初に流行した中国の武漢や、その後感染が拡大したヨーロッパ・アメリカの主要都市などでは厳重な❷都市封鎖が行われました。このような地域で許可なく外出した場合、罰金をとられたり、逮捕されたりする事例もみられました。

日本国憲法には基本的人権の尊重が明記されていて、公共の福祉に反しない限り、基本的人権が制限されることはありません。そのため、改正新型インフルエンザ対策特措法案が国会で審議された際には、外出自粛や営業自粛を要請したり、医療施設を開設するために土地や建物を使用したりすることは日本国憲法の観点からみて❷私権の制限につながるのではないか、という指摘もみられました。

こ こ も 勉 強 し よ う ！

給付金の支給とマスクの配布

マスク不足が叫ばれるなか、2020年4月、安倍首相（当時）は全国の各世帯へ布マスクの配布を実施することを表明しました。しかし、配布の遅れや不良品の発生など、配布はなかなか進まず、「アベノマスク」と揶揄されました。全国への配布をほぼ完了した6月には、全国的なマスク不足は解消されつつありました。

4月に緊急事態宣言を出した際には、政府は休業要請などにともない家計が苦しくなる人々を念頭に、1人当たり10万円の給付金を支給することを表明しました。給付金の申請は申請書を郵送で提出するか、オンラインで申請するかのどちらかを選ぶことができました。しかし、申請書の記入もれが相次ぐなど、実際に業務を行う自治体の職員の方々の負担は増大しました。また、❹マイナンバーカードを持っていない人はオンライン申請ができませんでした。

2020年夏の再流行

2020年4月に出された緊急事態宣言は、改正新型インフルエンザ対策特措法にもとづき、新型コロナウイルスの感染者が減少したことを受けて、5月に入り徐々に解除されていきました。商業施設への休業要請や国民への外出自粛要請は解除され、街は賑わいを取り戻しつつありました。しかし、7月に入ると東京都などの都市部を中心に再び感染者が増加しました。しかし、4月から5月にかけての緊急事態宣言期間中は経済活動が停滞したことや、7月の時点では重症患者数が少ないことなどから、政府は「感染防止と経済活動の両立」を掲げ、再度の自粛要請には消極的な姿勢をとりました。

地方公共団体のコロナ対応

（読売新聞）2020年3月26日付

コロナ対策 緩み警戒

３連休に人出 ■イベント「強行」

新型コロナウイルスの感染経路が不明なケースや、流行地から帰国した感染者が都市部で増えている。東京都では25日、新たに41人の感染者が確認され、小池百合子知事が週末の外出自粛要請を発表した。欧米各国でもオーバーシュート（爆発的な患者急増）が起き、日本でも重大な局面を迎えつつある。
（社会部　樋口綾香、科学部　中居広起、本文記事1面）

■「封鎖可能性も」

小池知事は記者会見で警戒レベルを一段上げた。「都民の協力が必要だ。一人一人の行動が、社会全体に影響を及ぼす」

都内の感染者は24日、これまで最も多かった北海道を抜いた。首都・東京は「ロックダウン（都市封鎖）などの強力な措置を取らざるを得ない可能性もある」（小池知事）という事態に直面している。

新型コロナウイルス感染症対策の政府専門家会議メンバーの押谷仁・東北大教授は「感染者を受け入れる都内の専門病床は埋まりつつあり、医療体制は厳しい状況だ。オーバーシュートには至らなくても、ある程度の被害が出るかもしれない」と警戒感を示す。

■専門家会議

政府は、欧米のように都市を封鎖するなどの強硬手段はとらず、クラスター（感染集団）を早く発見し、感染経路を特定して拡大を防ごうとしている。市民には、「密閉空間」「人の密集」「近距離の会話」の3条件（「三つの密」）の感染者がそろう場を避けるよう呼びかけている。

専門家会議も19日、「一定の効果があった」と評価し、日本式対策を強化する提言を発表した。その成否は市民の行動にかかっている。既に都市部で経路不明の感染者が増えており、危機感は委員全員が共有している。だが、国民にどう伝えるかで意見は割れた。発表直前の4日間に少なくとも4回訂正が重ねられた。

特にクラスターの発生源になりかねない「大規模イベント」の開催が議論になった。いったん「中止」を明記する方向になったが、「厳しく締め付けるのは限界がある」など慎重な意見で転換した。ある関係者は「制限の強化を望む政府側の意向もあった」と明かす。

最終版は、主催者に対し、開催する場合は3条件に注意するよう求める「条件付き容認」として、協力を促す路線を維持した。一方で、「長期戦を覚悟する」ことを市民に求める強い言葉を追加した。

■市民に届くか

しかし、専門家会議の強い危機感は市民に届いていないとの声もある。

日本医師会の横倉義武会長は25日の記者会見で「20日からの3連休は天気もよく桜も咲き、国民の気も緩んだ印象を受けた」と話した。さいたま市内では22日に政府が自粛を求める中、約6000人規模の格闘技イベントが開かれた。

災害心理学に詳しい広瀬弘忠・東京女子大名誉教授は「心に届くメッセージを発信するには、社会心理の専門家を交えて議論すべきではないか」と指摘する。

今月中旬に成立した改正新型インフルエンザ対策特別措置法では、都道府県知事が外出の自粛やイベント発行の自粛、施設の停止などを要請できるが、罰則はない。感染症に詳しい大石和徳・富山県衛生研究所長は「感染の急速な拡大は日本でも起きる恐れがある。その場合、海外のような強い対策が必要になる」と強調する。

②クラスター発生のリスク条件

三つの条件がそろう場所でクラスター発生のリスクが高い

- 密閉空間で換気が悪い
- 近距離での会話や発声
- 手の届く距離に多くの人

◆専門家会議の「状況分析・提言」の主な変更点

	暫定版	最終版
感染症の評価がトーンダウン	「危険な感染症」（17日午後2時点）	「十分な注意と対策が必要な感染症」
全国の状況分析がトーンダウン	「（感染拡大が続けば）どこかの地域を発端として、必ず爆発的な感染拡大を伴う大規模流行が起こると判断している」（16日午後0時半時点）	「（感染拡大が続けば）どこかの地域を発端として爆発的な感染拡大を伴う大規模流行につながりかねないと考えている」
「長期戦」を追加	—	「短期的収束は考えにくく長期戦を覚悟する必要がある」
大規模イベントの開催要件を明記	「リスクへの対応が整わない場合は、中止または延期」（17日午後7時点）	「人が集まる場の前後も含めた適切な感染予防対策の実施」「密閉空間・密集場所・密接場面などクラスター（集団）感染発生リスクが高い状況の回避」など「リスクへの対応」を具体化

都 外出自粛要請

記者会見で「感染爆発 重大局面」と書かれたボードを掲げる東京都の小池知事（25日夜、東京都庁で）

CHECK
クラスター発生のリスク条件を確認しよう。

CHECK
小池百合子都知事は記者会見でボードを掲げるなど、マスメディア向けのアピールも行う。

重要語句

①地方公共団体

47都道府県と、全国に約1700ある市町村ならびに東京都特別区（23区）があてはまる。首長（都道府県知事や市町村長ならびに特別区の区長）は住民による直接選挙で選ばれるため、地方議会の議決に対して拒否権があるなど、強い権限を持つ。

②クラスター

クラスターそのものの意味は「群れ、集団、かたまり」。ここでは新型コロナウイルスの感染者のうち、感染経路が追えている数人から数十人規模の集団をさす。

③三密（3つの密）

新型コロナウイルスの感染拡大防止のために避けるべき3つの状況。密集・密接・密閉を指す。

④ロックダウン（都市封鎖）

P14参照

⑤オーバーシュート

日本では感染者の爆発的急増を表す言葉として知られるようになった。

記事のポイント

マスメディアを通じて危機を訴える知事も

国と❶地方公共団体は連携して、新型コロナウイルスへの対応を行います。なかでも、都道府県知事は最前線で対応にあたります。

鈴木直道北海道知事は2020年2月から3月にかけ、国に先駆けて道独自の緊急事態宣言を発表し、道民に外出自粛を求めたり、学校を一斉休校したりしました。

小池百合子東京都知事は連日記者会見を行い、その中で、「密です」と発したことから、❷三密という言葉と意味が広く浸透しました。また、「❸ロックダウン」「❹オーバーシュート」といった言葉も象徴的に用いられました。このような象徴的な言葉は新聞やテレビをはじめとしたマスメディアで取り上げられやすく、これらの言葉は広く浸透しました。

国と地方公共団体の食い違い

安倍首相（当時）は全国の学校に対し、2020年3月2日から春休みまでの臨時休校を要請しましたが、実際に休校を決定するのは、各自治体の教育委員会でした。そのため、休校期間は地域によって異なったり、授業を実施した地域もあったりしました。4月に国が緊急事態宣言を出すと、都道府県知事はイベントの自粛要請や飲食店などへの休業要請を出しました。一方、自粛や休業の要請は、損失の補償もセットで行うべきであるとする意見もみられました。東京都は一定の条件を満たした店や個人を対象に「休業要請協力金」の支給を行うなどの対応にあたりましたが、財源がとぼしい自治体もあります。国は地方創生臨時交付金を設け、休業した企業に自治体が支援や補償を行うための財源を提供しました。

(こ こ も 勉 強 し よ う ！)

帰省を自粛する人々へあたたかい対応を

緊急事態宣言が出された2020年4月、ゴールデンウィークの帰省を自粛した人々に対し、新潟県燕市では、東京で生活している燕市出身の学生や若者を対象に、マスクとともに地元産のコシヒカリや味噌などの食料を送り届けました。このとき、燕市はマスク代と送料を負担しましたが、食料は地域の人々の寄付によるものでした。このような取り組みはほかのいくつかの地方都市でもみられました。また、緊急事態宣言解除後の県境をまたぐお盆の帰省については、知事によって意見が分かれました。実際に帰省をした人のなかには、地域住民から嫌がらせを受けた事例もみられ、冷静な対

帰省を自粛している南魚沼市出身の学生に届けられる箱詰め

（「読売新聞」2020年5月3日付）

応が求められました。

東京都知事選挙で小池百合子氏が再選

2020年7月に都知事選挙が行われ、小池百合子氏が2度目の当選を果たしました。今回の都知事選挙は過去最多の22人が立候補しましたが、小池氏は前回の選挙時の得票数を上回る約350万票を獲得し、2位以下の候補者に大差をつけました。投票率は55%で、前回から約4.7ポイント減少しました。

新型コロナウイルス対応の最中だったことから、小池氏は街頭演説を行わず、インターネットを利用した動画配信を通じて支持を訴える「オンライン選挙」を展開しました。他の候補者も街頭での活動が思うようにできませんでした。再選した小池氏は「命と経済を守り、世界の都市間競争に打ち勝つ東京を進めて参ります」と、決意を新たにしました。

新しい生活様式の実践と気づき

猛暑とマスク

2020年の夏は、静岡県浜松市で日本最高気温41.1℃（2018年に埼玉県熊谷市が記録したものと同温度）、岡山県高梁市で24日連続猛暑日（最高気温35℃以上の日）、新潟県三条市・胎内市では台風9号通過によるフェーン現象によって観測史上初の9月に40℃超えを記録するなど、猛暑に見舞われた。一方、公共の場におけるマスクの着用が推奨されるなかで迎えた同年の夏は、熱中症対策とコロナ対策の両立が求められた。厚生労働省の指針では、屋外で人と2m以上（または十分な距離）離れている場合は、熱中症を防ぐためにマスクを外すことが推奨された。

重要語句

❶3密（3つの密）
新型コロナウイルスの感染拡大の恐れがある「密閉・密集・密接」の状態をあらわす。

❷ステイホーム
自宅で過ごすこと。新型コロナウイルスの感染拡大防止の観点から推奨される。

❸リモートワーク（テレワーク）
通信技術を利用して会社以外で仕事をすること。在宅勤務などともよばれる。

❹総務省
中央省庁の1つ。行政組織の運用や公務員制度、地方行政、選挙、情報通信などを担う。

❺働き方改革
1億総活躍社会の実現に向けた政策の1つ。働く人々がそれぞれの事情に応じた、多様で柔軟な働き方を自分で選択できるようにすることを目指す。

新しい学校生活 始動

フェースシールド■給食は個包装

近畿 3か月ぶり授業

フェースシールドをつけて授業に臨む児童たち（1日午前9時13分、滋賀県甲賀市の市立土山小で、川崎公太撮影）＝画像は一部修整しています

新型コロナウイルスの感染拡大に伴う緊急事態宣言の全面解除を受けて、近畿の各府県で1日、約3か月ぶりに再開した。首都圏の4都県（東京、神奈川、千葉、埼玉）と北海道でも再開。当初は分散登校や短縮授業から始める学校が多く、感染防止対策を徹底する「新しい生活様式」に基づき、様々な制約を受ける新たな学校生活が始動した。

安倍首相が2か月ぶりに一斉休校を要請し、文部科学省は15日から通常授業に移行する。

■マスク常時着用

この日までにほぼ全校が再開されている。近畿の多くの地域では、1日に再開しても当面は午前、午後などに分散して登校するが、15日には全国の約9割の小中高校は通常授業に戻りする。大阪府は短縮授業をしたりする。

文科省が示した学校における感染予防マニュアルでは、体育の授業などを除いてマスクを常時着用することなどを求めている。

大阪市立山小では、児童や教職員約1万1000人がフェースシールドを購入。同市立山小では、1日の学級閉鎖で担任教論のフェースシールドを使い方を説明した。

児童が試着。5、6年生は、今年度の行事などについて話し合った。

州市の小学校でクラスターが発生した。「北九州市立の別の小学校にフェースシールドを配布する。」

大阪市は通常授業を始める15日頃に児童・生徒全員にフェースシールドを配布する。

■遊具使用禁止

子供同士が接触するおそれがある休憩時間には、各校とも気を使う。

都島区の市立中野小は、校舎建て替え中の大阪市立中野小は、狭く、遊具を使用禁止にするなど、給食の提供を検討する。

■弁当もOK

感染のリスクは高いが、子供たちの成長を支えるため、給食の提供を検討する。

各教委の通常授業の再開予定

1日	京都府
8日	滋賀県、大津市
	大阪市、兵庫県、和歌山県、
15日	大阪市、堺市、京都市、神戸市、奈良県、和歌山市
未定	奈良県

「学校の新しい生活様式」の例

全般	マスクは常時着用（体育の授業中を除く）
	児童生徒の間隔を1m（リスクの高い地域は2m）空ける
授業	可能な限り2方向の窓を開けて換気を徹底。エアコン使用時も
	教材の貸し借りをしない
	体育は可能な限り屋外で実施
	合唱は距離を保ち、同じ方向を向くようにする
	児童生徒が近づく理科の実験・観察、調理実習などは、リスクが高いので特に注意
休憩時間	トイレが混まないよう動線を示す
	会話は一定の距離を保つ
	体が接触する遊びは控える
給食	食事前後の手洗いを徹底
	机を向かい合わせにせず、会話を控える
	主菜と具だくさんの汁物など、品数を少なくする
	弁当容器に盛りつけて提供
	パンと牛乳など簡易な給食でも可
	運動不足の生徒もいるため、けがの防止に留意
部活動	体育館など屋内では、換気や消毒液の使用を徹底
	用具は使用前に消毒し、不要な使い回しを避ける

※文部科学省の感染予防マニュアルから

（読売新聞）2020年6月1日付

❖ 日常生活を営む上での基本的生活様式

① まめに手洗い、手指消毒
② せきエチケットの徹底
③ こまめに換気
④ 身体的距離の確保
⑤ 「3密」回避
⑥ 毎朝、体温測定し、健康チェック

❖ 日常生活の各場面別の生活様式

買い物 **スポーツ** **公共交通機関** **食事** **公園**

（読売新聞）2020年5月5日付

2020年のゴールデンウィークはステイホーム

2020年の春から初夏ごろにかけ、新型コロナウイルスの感染拡大を防止するには、人との接触を8割減らすことが求められました。そのため、国や自治体は住民に不要不急の外出や都道府県をまたいだ移動は極力避けるよう訴えました。商業施設や観光施設は多くが休業し、スーパーマーケットでの買い物も少人数で手短に済ませることが推奨されました。ゴールデンウィーク期間中は旅行や帰省は控え、Zoomなどのオンラインシステムを利用した「オンライン帰省」が推奨されました。

自宅で過ごす時間が増えた一方、運動不足や食品を入れたプラスチック容器のごみの急増、学習の遅れなど、日々の生活や学校に関する問題点も指摘され、❷ステイホームによる暮らしへの影響があらわれました。

リモートワーク（テレワーク）の広がり

「新しい生活様式」の実践例には、会社への出勤日数を減らし、自宅をはじめとした会社以外の場所で会社の仕事を行う❸リモートワーク（テレワーク）の推進があげられます。**リモートワークは新型コロナウイルスの感染拡大防止に効果的なだけでなく、鉄道や自動車の利用をおさえられることから大気汚染や交通渋滞の抑制につながり、環境への効果もあると考えられています。**インターネットをはじめとしたICT（情報通信技術）の発達は、様々な職種でリモートワークを可能としました。一方、警察・消防や医療などの命を守る仕事や、接客業などではその導入が難しいとされています。また、重要な書類などにハンコを押すためだけに出社をしなければならないなど、仕事上の慣習が、リモートワークの普及を阻んでいるとする見方もあります。

（ ここも勉強しよう！ ）

📍情報格差（デジタル・ディバイド）

インターネットをはじめとしたICTを利用できる人と利用できない人との間に生じる格差を情報格差といいます。情報格差には、世代間によるもののほか、地域間によるものもあります。コロナ禍においては一部の教育機関（学校や塾）でオンライン授業（教育）が行われましたが、インターネットへの接続環境が整っていない家庭や、教育機関側の対応が遅れた地域もあり、全ての児童・生徒がこのような対応を受けられたわけではありませんでした。

❻小中学生の子供がオンライン教育を受けている割合

全国	45.1%
東京23区	69.2
東京圏	57.2
大阪・名古屋圏	52.2
地方圏	33.9

※内閣府の調査を基に作成。東京圏＝東京都、埼玉、神奈川、千葉県。大阪・名古屋圏＝大阪、京都府、兵庫、奈良、愛知、岐阜、三重県

（「読売新聞」2020年7月2日付）

📍リモートワークと働き方改革

❹総務省はリモートワークを「ワーク・ライフ・バランスの実現、人口減少時代の労働力人口の確保、地域の活性化などへも寄与する、❺働き方改革実現の切り札ともなるもの」としています。新型コロナウイルスの感染拡大をふまえたリモートワークの拡大によって働き方改革が進むことが期待されます。

（総務省HPより）

■労働力人口の確保
■地域活性化
■環境負荷の軽減

社会

テレワークによる「働き方改革」のメリット

企業　　**就業者**

■生産性の向上
■優秀な人材の確保・離職抑止
■コストの削減（ペーパーレス等）
■事業継続性の確保

■多様で柔軟な働き方の確保
■仕事と育児・介護・治療の両立
■通勤時間の削減

東京オリンピック・パラリンピックは延期（えん）（き）に

東京五輪1年延期

来夏までに開催

首相・IOC会長合意

電話会談

IOC臨時理事会承認

安倍首相は24日夜、国際オリンピック委員会（IOC）のトーマス・バッハ会長と電話で会談し、新型コロナウイルスの感染拡大を受けて、今夏の東京五輪・パラリンピックを1年程度延期するよう提案した。バッハ氏はこれを受け入れ、両氏は2021年夏までに東京大会を開催することで合意した。IOCは引き続き開いた臨時理事会で延期を承認した。

現状の大会日程は、五輪が7月24日～8月9日、パラリンピックが8月25日～9月6日。五輪の延期は史上初めて。

電話会談は24日午後8時から約45分間、首相公邸で行われた。政府から打診したもので、大会組織委員会の森喜朗会長と東京都の小池百合子知事のほか、菅官房長官、橋本五輪相らが同席した。

首相は会談後、記者団に「中止はないと確認した」「世界のアスリートが最高のコンディションでプレーでき、観客にとって安全で安心な大会とするため、おおむね1年程度延期することを軸として検討していただけないかと提案した」と述べた。一方、バッハ会長はIOCの臨時理事会で、1年程度の延期で首相と合意したことを説明した。IOCは22日の臨時理事会までには延期について、4週間以内に結論を得るとしていた。

「直談判」舞台裏
首相発言の要旨
世界に衝撃
観光業に試練
選考・軌道修正
各地で驚きの声

東京五輪延期

33 21 9 7 4 3

上初めて。

年夏というゴールが具体的になったのは、都として準備を重ねてきたので次の目標に向かって準備を国、大会組織委員会と進めていく」と述べた。延期に伴い生じる新たな費用負担について「精査が必要で国と協議の場で分担などを決めることになると思う」として、国と協議を進める考えを示した。

東は）「難しいだろう」と説明した。バッハ氏は首相の提案に「100％同意する」と応じたという。

これに関連し、橋本氏は会談後、新たな日程について「だいたい（来）夏ぐらいではないかと受け止めた」と語った。

小池氏は記者団に、「21

（「読売新聞」2020年3月25日付）

聖火リレーも延期

東京五輪・パラリンピック大会組織委員会は24日、26日に福島県で始まる予定だった五輪の国内聖火リレーを延期することを明らかにした。大会日程の決定後、新たなスタート日を設定。当初の計画通りに福島県のサッカー施設「Jヴィレッジ」を出発し、121日かけて全国を回る見通しだった。組織委は、26日スタートの場合は走者によるトーチリレーを行わず、聖火を入れたランタンを車に載せて巡回する計画を立てていた。

聖火リレーに走る権利を残す。森喜朗会長は「聖火は希望の道しるべになる願いを込めて日本にとどまることになった。再び採火式を行わず、当面は福島県に置く考えを示した。

IOCは24日、声明で大会名を「2020年東京五輪・パラリンピック」のままとすることを発表した。

会談のポイント
- ▷ 東京五輪・パラリンピックの中止はないと改めて確認
- ▷ 首相が1年程度の延期を提案。バッハ氏は「100％同意する」と回答
- ▷ 2021年夏までに開催することで合意
- ▷ 「2020年」の大会名は引き継ぐ

▲ IOCのバッハ会長との電話会談を終え、記者団の質問に答える安倍首相＝24日午後8時10分、首相公邸で＝源幸正倫撮影

バッハIOC会長

CHECK

2021年は3つの祝日を移動

海の日	7月22日
スポーツの日（体育（たいいく）の日の名称（めいしょう）変更（へんこう））	7月23日
山の日	8月8日

※閣議決定の段階

「東京2020オリンピック」「東京2020パラリンピック」のエンブレム「組市松紋（くみいちまつもん）」

© Tokyo 2020

政府の取り組み

東京2020オリンピック・パラリンピックに向けて
- ●東京オリンピック・パラリンピック担当大臣（たんとう）の設置

スポーツの推進（すいしん）と強化
- ●スポーツ庁（ちょう）の設置（2015年）

※文部科学省の外局

国際オリンピック委員会（IOC）
1894年に設立された、近代オリンピックを主催する非政府・非営利民間団体。本部はスイスのローザンヌにある。現在は206の国・地域（ちいき）が承認（しょうにん）されている。

重要語句

❶ オリンピック・レガシー
「遺産（いさん）」を意味するレガシーと、「オリンピック」を組み合わせた言葉。オリンピック開催をきっかけに導入されたりつくられたもののうち、その後の社会や文化に溶けこん（と）でいるものを指す。

❷ ピクトグラム
情報や注意を絵であらわしたもの。

記事のポイント

史上初のオリンピック延期

かつて、日本は日中戦争（1937～45年）の激化によって、1938年には1940年の東京オリンピックの開催権を返上しました。1964年の東京オリンピックはアジア初のオリンピックとして注目され、第2次世界大戦からの日本の復興を世界にアピールする機会となりました。

2020年3月、世界中で新型コロナウイルスの感染が拡大するなか、東京オリンピック・パラリンピックの延期が発表されました。1年の延期が見こまれていますが、延期による開催費用のさらなる増大、世界的な新型コロナウイルスの感染拡大にともなう入国制限の問題など、2021年の開催に向けた課題は山積みです。なお、**2021年に開催された場合も、「東京2020オリンピック・パラリンピック」と**いう名称で開催される予定です。

東京2020オリンピック・パラリンピックの成功に向けて

2021年の東京オリンピック・パラリンピック開催まで、残り1年を切りました。2018年には大会マスコットとその名称（ミライトワ、ソメイティ）が決定しました。

一度はオリンピックの正式種目から外れた野球とソフトボールも東京大会では復活し、33競技339種目で熱戦がくり広げられる予定です。男子・女子のマラソン（札幌開催）をはじめ、一部の競技は東京都以外の地域でも行われます。

（「読売新聞」2018年7月23日付より作成）

(ここ も 勉 強 し よ う !)

◆ パラリンピック以外の障がい者スポーツ大会

1988年のソウルオリンピック以降はオリンピックと同じ会場を使用して行われるようになったパラリンピックは、現在ではオリンピックと同じくらい有名な大会となりました。パラリンピックは主に手足が不自由な人や目が不自由な人を対象とします。しかし、障がいには様々な種類があり、パラリンピックのほかにも様々な障がい者向けの世界的なスポーツ大会があります。

耳が不自由な人を対象としたデフリンピックは1924年に初の大会がフランスで開催。世界初の障がい者スポーツにおける国際競技大会として知られ、パラリンピックよりも長い歴史を有しています。また、知的障がいがある人の自立や社会参加を目的として、競技大会の開催などを行うスペシャルオリンピックスとよばれる組織があります。

◆ 1964年東京オリンピックの①オリンピック・レガシー

1964年東京オリンピックは第2次世界大戦からの復興を世界にアピールするチャンスでもありました。東海道新幹線や東京都特別区及びその周辺にのびる自動車専用道路（首都高速道路）が整備され、現在も多くの人に利用されています。

大量の食料が必要となる選手村では冷凍食品も提供され、その後、一般家庭にも普及するきっかけとなりました。開会式や競技のテレビ放送を視聴するために、カラーテレビを購入した家庭もみられました。日本を訪れた外国人に向けて②ピクトグラムが導入され、ひろまりました。

ピクトグラムの例（非常口）

21

コロナ禍と経済

訪日客 3か月連続99％減

日本政府観光局が15日発表した6月の訪日外国人旅行者数は、前年同月比99・9％減の2600人だった。新型コロナウイルスの感染拡大を受けた渡航制限などが影響した。減少幅が過去最大の99・9％減となるのは3か月連続となる。

政府の緊急事態宣言が5月に解除され、在留資格を持つ留学生や技能実習生が許可を得て再入国するケースが増えたことから、過去最少だった5月（1700

人）から微増となった。国・地域別では中国が300人、韓国、ベトナムが各100人、インドが70人だった。米国と

2020年上半期（1〜

6月）の訪日外国人旅行者数は、前年同期比76・3％減の394万7000人だった。上半期としては、統計を取り始めた1964年以降で最大の減少幅だった。1月は前年同月比1・1％減とほぼ横ばいだったが、2月以降に急減した。

訪日客の回復が当面見込めない中、政府は国内旅行の喚起策「Go Toトラベル」事業を今月22日から始める予定だ。観光庁の田端浩長官は記者会見で「しっかりとした感染対策を取った上で、予定通りのスケジュールで進めていきたい」と述べた。

📈 訪日客数の推移

- 単月として過去最高を更新（2019年7月）
- 単月として過去最少（20年5月）
- 訪日客数（左目盛り）
- 前年同月比増減率（右目盛り）
- 2600人
- −99.9%

万人：300 / 250 / 200 / 150 / 100 / 50 / 0
％：20 / 0 / −20 / −40 / −60 / −80 / −100

6月 8 10 12 2 4 6
2019年 ─ 20年

（「読売新聞」2020年7月16日付）

CHECK
訪日外国人旅行者が激減した様子をグラフから確認しよう。

外出自粛要請で、料理宅配の需要が高まる中、注文が増えた三輪スクーターなど（30日午前、埼玉県戸田市で）―菅野靖撮影

宅配の足にも注文続々

新型コロナウイルスの影響で「巣ごもり消費」が広がるなか、料理を宅配する「原付三輪スクーター」市場が活況となっている。

業務用バイク販売会社「ホンダ二輪・新宿」（埼玉県戸田市）には3月以降、ピザやすしなどの宅配業者から約1000台の注文

が舞い込んだ。

大型連休で料理の宅配需要はますます高まり、忙しさに拍車がかかっているが、青木弘会長（77）は「ステイホームを続ける皆さんを三輪スクーターを通じて支え、この危機を何とか乗り越えたい」と話していた。

（「読売新聞」2020年4月30日付）

CHECK
「巣ごもり消費」で売り上げが上がった店はどのような店か。

重要語句

❶インバウンド
「外から内に入る」という意味を持つ英単語。日本では「訪日外国人旅行者」をあらわす言葉として用いられる。

❷国土交通省
国土の開発や気象・海上保安などについて担当する省。観光庁は国土交通省の外局で、観光業の促進にかかわる。

❸付加価値税（VAT）
諸外国で導入されている、物やサービスに課せられる税。日本における消費税にあたる。

訪日外国人旅行者 (¹インバウンド)の激減

　2000年代から2010年代にかけ、日本の魅力を発信し、訪日外国人旅行者を増やすため、様々な取り組みが実施されました。国は国際観光振興機構（日本政府観光局）や²国土交通省の外局として観光庁を設置したり、交通機関では英語、中国語や韓国語などによる案内表示を充実させたりしました。

　政府は当初、東京オリンピックが行われる予定だった2020年の訪日外国人旅行者数の目標を4000万人としていました。ところが、新型コロナウイルスの世界的な感染拡大の影響を受け、旅客面においてはほとんど鎖国状態になってしまいました。快適な旅行を手配する旅行会社や土産物屋などの観光業界、ホテル業界などは、コロナ禍による影響がとくに大きくあらわれています。

コロナで売り上げが 上がった店と下がった店

　レストランなどの外食産業は、コロナ禍による外出自粛の影響を受け、売り上げが大きく下がりました。一方、同じく食料品を扱う店のなかでも、家で食事をとる機会が増えたことから、スーパーマーケットは売り上げが上がったところもありました。家で食事をとる機会が増えたことをふまえ、軽減税率が適用される、お持ち帰りできる商品を充実させたレストランもみられました。ネット通販など、コロナ禍によって売り上げが伸びた店や業態は、従業員と直接コミュニケーションをとる機会がほとんどないものが中心です。一方、店頭での洋服販売など、お客さんと直接コミュニケーションをとる必要がある業態は、店舗の休業を迫られた事例も見られ、このような店舗で働く従業員には仕事を失った人もいます。

(こ こ も 勉 強 し よ う !)

▶ 観光支援事業 「Go To トラベル」

　コロナ禍による影響を大きく受けてしまった観光業について、政府は国内観光の需要を高めることによって経済復興を図る「Go To トラベル」キャンペーンの実施を決め、7月22日から開始しました（東京都は10月1日から）。

　遠距離の移動をしてしまうことによってそれまで感染が少なかった地域で新たに新型コロナウイルスの感染が拡大してしまう可能性もあり、反対の声もあがりました。

▶ 「東京一極集中」とコロナ禍

　地域ごとの人口の大きな偏りをおさえ、国土の均衡ある発展をうながすことが求められています。しかし、東京は大企業の本社が集中したり、様々な職種の仕事があったりするなど、働く人にとって魅力的な都市です。2015年と2019年では、東京圏（東京都・神奈川県・埼玉県・千葉県）への転入人口は東京圏以外への転出人口を上回るなど、東京一極集中は収まる気配がありません。

　内閣府の調査によると、テレワークを経験した人のうち、新型コロナウイルスの感染拡大によって地方移住への関心が高くなった人の割合は、約25%でした。これはテレワークを経験していない人の、地方移住への関心が高くなった人の割合より約15ポイント高く、テレワークが地方移住のハードルを下げていることがわかります。

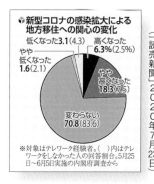

●新型コロナの感染拡大による 地方移住への関心の変化

低くなった3.1(4.3)　　高くなった
やや　　　　　　　　　6.3%(2.5%)
低くなった
1.6(2.1)　　　　　　　やや
　　　　　　　　　　　高くなった
　　　　　　　　　　　18.3(7.5)

変わらない
70.8(83.6)

※対象はテレワーク経験者。（ ）内はテレワークをしなかった人の回答割合。5月25日～6月5日実施の内閣府調査から

（「読売新聞」2020年7月23日）

菅義偉内閣総理大臣の誕生

就任後、初の記者会見をする菅首相（16日午後9時30分、首相官邸で）＝源幸正倫撮影

菅内閣 発足
「行政の縦割り打破」

コロナ、経済対策 最優先

自民党の菅義偉総裁（71）は16日午後、国会で指名を受け、第99代の首相に就任した。首相は同日夕に組閣を終え、菅内閣が発足した。菅首相は、「国民のために働く内閣を作る」と述べ、新型コロナウイルス対策と経済再生を最優先に、行政の縦割り打破や規制改革に取り組む方針を示した。

首相はこの中で、行政の「縦割り打破」の象徴として、「デジタル庁」を創設し、新型コロナの感染拡大で遅れが露呈した行政のデジタル化を省庁横断で一気に進める。規制改革にあたっては、「国民の財産の電波を長年にわたり独占し、世界でも高い料金で20％ほどの営業利益を上げ続けている」と批判し、対策を講じていくことも示した。

これらの課題について、ITに詳しい平井卓也デジタル改革相と、発信力の強い河野太郎行政・規制改革相に陣頭指揮を執らせる考えも示した。

首相は縦割り、既得権益、悪しき前例主義を打ち破って規制改革を全力で進める」と強調した。その一環として、国民から具体的な事例を通報して入れながら考えていきたい」と述べた。てもらう「縦割り110番」を設置する考えを明らかにした。電話や電子メールで受け付ける方針だ。

首相は、2012年12月から連続で歴代最長の7年9か月（2822日）在職した安倍晋三・前首相の後継として、63人目の首相に就任した。記者会見では、「安倍政権の取り組みをしっかり継承し、前に進めていくことが私の使命だ」と語り、前政権の経済政策「アベノミクス」を継承することを明言した。

提供を受け、携帯電話の大手3社が9割の寡占状態を長年にわたり維持し、世

新型コロナ対策では、「来年前半までに全ての国民に行き渡るワクチンの確保を目指す」と語った。

退転の決意で自らが先頭に立って取り組んでいきたい」と述べた。

今回の組閣では、閣僚数が1増の20人となった。明党の山口代表と会談し、連立政権の継続を確認した。

今後の政権運営でも、公明党との協力が不可欠だから、時間の制約も視野に

今回の組閣では、閣僚数が1増の20人となった。4月に成立した特別措置法の規定に基づき、25年に開かれる大阪・関西万博の担当相を新設したためだ。19年以内に解散・総選挙はあり得る。早期の衆院解散・総選挙の可能性については慎重な姿勢を示したうえで、「1

北朝鮮による日本人拉致問題についても、「引き続き米国と緊密に連携し、不

閣僚20人のうち、初入閣が15人おり、再任や横滑り、再登板が5人、女性はゼロだった。経験者を多く起用。初入閣は5人、女性はゼロだった。

（「読売新聞」2020年9月17日付）

記念撮影に臨む菅首相（前列中央から）ら16日夜、首相官邸で）＝源幸正倫撮影

（「読売新聞」2020年9月17日付）

（「読売新聞」2020年9月17日付）

CHECK
「縦割り110番」は河野太郎行政改革担当大臣によって「行政改革目安箱」の形でさっそく実現した。2020年10月上旬現在、新規受け付けを一時停止中。

CHECK
現在の与党は自由民主党と公明党による連立政権。

今後の主な政治日程

2020年	9月16日	菅内閣発足
	18日	臨時国会閉会
	11月1日	「大阪都構想」の住民投票
	3日	米大統領選
	年内	「ミサイル阻止」に関する新たな方針決定
21年	1月	通常国会召集
	7月22日	東京都議の任期満了
	23日	東京五輪（～8月8日）
	8月24日	東京パラリンピック（～9月5日）
	9月末	自民党総裁の任期満了
	10月21日	衆院議員の任期満了

（「読売新聞」2020年9月17日付）

重要語句

❶内閣総理大臣
行政権を持つ内閣の長。文民（軍人ではない人物）かつ国会議員のなかから、国会で指名され、天皇によって任命される。

❷臨時国会
今回は衆議院の解散総選挙を経ていないため、特別国会ではなく、臨時国会の中で内閣総理大臣の指名が行われた。

❸国務大臣
中央省庁の責任者。文民かつ内閣の過半数が国会議員の国務大臣であれば、民間人から選ぶこともできる。内閣総理大臣によって任命および罷免（やめさせること）される。

❹行政の縦割り（縦割り行政）
行政の業務におけるやり取りが組織内でのみ行われるため、異なる分野にまたがる省庁間の連携がとれていない様子を表す。

❺世襲
特定の地位などを、子孫が代々引きつぐこと。菅首相は家族に国会議員経験者がいないため非世襲。

❻大阪・関西万博
2025年に大阪湾の人工島・咲洲をメイン会場として開催される万国博覧会。

東北出身の内閣総理大臣
岩手県（4人）
原敬など
秋田県（1人）
菅義偉

記事のポイント

秋田の農家出身・非❸世襲の「令和おじさん」

2020年9月、自由民主党総裁に就任したばかりの菅義偉氏は❷臨時国会で指名され、天皇によって任命されたことにより、第99代❶内閣総理大臣に就任しました。農家出身の菅首相は、初の秋田県出身者で、初の神奈川県横浜市の選挙区からの内閣総理大臣となりました。

菅首相は、高校卒業後は就職し、後に大学に入りました。横浜市議を経て1996年に衆議院議員に初当選、第1次安倍内閣では総務大臣としてふるさと納税制度の創設に貢献しました。第2次安倍内閣では内閣官房長官として記者会見の場に立ち、政府の方針などを発表しました。また、「令和」の元号を発表したことから「令和おじさん」とよばれ、話題となりました。

「国民のために働く内閣」実現を目指して

菅首相は記者会見で「国民のために働く内閣をつくる」と述べ、新型コロナウイルス対策と経済再生を最優先とし、❹行政の縦割り打破や規制改革に取り組む方針を示しました。携帯電話の料金引き下げや、デジタル庁の創設、地域経済を支える地方銀行の統合推進などを行うとしました。

国務大臣の定員が増加

今回の組閣で、❻大阪・関西万博国務大臣が新設されました。内閣法では❺国務大臣の上限は17人（定員は14人）ですが、特別法により、復興大臣（2012年から）と東京オリンピック・パラリンピック担当大臣（2015年から）が増員されているため、国務大臣の上限は期間限定で20人となりました。

(こ こ も 勉 強 し よ う ！)

◢ 内閣総理大臣と地方自治体の首長の決め方の違い

下の図からわかる通り、国民は内閣総理大臣の選出に直接かかわることができません。そのため、菅首相が長期にわたって政権を担うには、菅首相の下で衆議院を解散し、総選挙で与党が勝利を収めることで国民の信任を得る必要がある、とする見方があります。

国と自治体のリーダーの決め方の違い

※地方自治体の首長（知事・市長など）は住民による直接選挙で選ばれることから、地方議会に対し強い権限を有する。

（「読売KODOMO新聞」2020年9月3日付）

◢ 安倍内閣の主な政策や出来事をおさえよう

安倍前首相の内閣総理大臣の在任日数は通算3188日に及ぶ歴代最長記録となりました。

●第1次安倍内閣（2006年9月～07年9月）

2006年	教育基本法改正
2007年	防衛省の発足（防衛庁から格上げ） 国民投票法の成立

●第2次安倍内閣（2012年12月～20年9月）

2013年	経済政策「アベノミクス」を発表
2014年	消費増税（5%→8%） 集団的自衛権の限定容認を閣議決定
2015年	安全保障関連法の成立
2017年	テロ等準備罪（共謀罪）の制定
2018年	働き方改革関連法の成立
2019年	消費増税（8%→10%〈標準税率〉）

コロナ後の経済復興を見据えたグリーン・リカバリー

経済復興 CO₂抑えて

■グリーン・リカバリー

新型コロナウイルス感染症が収束してからの経済復興の際に気候変動対策を重視する「グリーン・リカバリー」が、欧州などを中心に広がっている。政府が経済支援の条件に気候変動対策の実施を求めるなど、前例のない取り組みで、二酸化炭素（CO₂）の排出量を抑えながら経済復興につなげる狙いだ。

（科学部　松田俊輔）

コロナ後 企業支援に条件

新型コロナウイルスの感染拡大により経済が停滞したことで、エネルギー消費が大幅に減り、世界のCO₂排出も減少傾向になった。英イーストアングリア大などは5月に発表した論文で、世界のCO₂排出量が最も減ったとみられる4月初旬には、前年比17％減になったと推定になる。国際エネルギー機関（IEA）は今年の世界経済が前年比8％減と予測する。

だリーマン・ショック後の2009年のCO₂排出量は同1％減だったが、翌年は反動で大幅増となった。景気回復の際に温暖化対策と両立させる取り組みが希薄だった。コロナ禍からの経済復興では、同様に温暖化対策を繰り返さないよう対策が進められている。それが、グリーン・リカバリーだ。

新型コロナの感染拡大を受け、駐機場にとどまるエールフランスの機体（6月19日、フランス南部）＝ロイター
フランス政府は（経済支援の際に気候変動対策を求めた

航空会社に

最も力を入れているのは欧州だ。フランスは、欠航が相次いで経営状態が悪化した航空大手エールフランスを支援する代わりに①国内便によるCO₂の排出量を24年までに半減させる②国内の鉄道で2時間半まで行ける地域への飛行便を削減する──ことなどを求めた。

同様に向け、飛行機で省エネを進めることなどが検討されている。義務付けではないが、大幅な見返りに気候変動対策を求めるNGOグリーンピースは異例だ。

脱炭素社会に向け、取り組みを前進させる大きなチャンスだ」と指摘する。

ただ、道のりは厳しい。深刻な気象災害を避けるため、産業革命前から今世紀末までの気温上昇を1.5度よりも小さくする必要があるとされる。

毎年7.6％減

国連環境計画の報告書によるまとめによると6月上旬のまとめによると約1兆㌦（約120兆円）を実現するには、「1.5度」を含む温室効果ガスの排出量を前年比7.6％減にするという削減ペースを少なくとも30年まで続け、今世紀半ばに排出量を実質ゼロにする必要がある。

課題は、CO₂排出量の世界1位の中国と2位の米国の動きが鈍いことだ。国際的な取り組みを決めた「パリ協定」からの離脱を進めていた中国でもコロナ禍で先行きが不透明だ。再生可能エネルギーの導入を進めていた中国に後ろ向きで、再生可能エネルギーの大幅減の方針を示して脱炭素社会に向け石炭火力発電の大幅減の方針を示す動きもあり、欧州などとともに米国内への働きかけを強めていくことが求められる。

CO₂排出

CO₂排出量の多い非効率な石炭火力発電所の9割を30年度までに休廃止させる方針を発表した。経済産業省は3日、主要国の経済刺激策は、英

●各国で検討されている主な「グリーン・リカバリー」

フランス オーストリア	支援する航空会社に、気候変動対策を求める
スイス イタリア	太陽光発電設備の設置補助の増額
カナダ	支援する企業に、地球温暖化対策などを毎年公表するよう求める
日本	生産拠点を国内に移す企業への太陽光発電設備の設置補助

●世界の二酸化炭素排出量の推移

350 億㌧
300
250
0
2005年 10 15 20
予測値

リーマン・ショックの影響
経済回復で大幅増
新型コロナウイルスの影響

気温上昇を1.5度に抑えるには削減の継続が必要

（IEAの資料を基に作成）

（「読売新聞」2020年7月4日付）

CHECK
各国のグリーン・リカバリー政策をおさえよう。

CHECK
2009年に二酸化炭素排出量が減少した理由を確認しよう。

グリーン・ニューディール
かつてアメリカが行った世界恐慌からの❶ニューディール政策になぞらえ、グリーン・リカバリーを「グリーン・ニューディール※」と称することもある。
※グリーン・ニューディール自体は2008年のリーマン・ショックからの経済復興を図る際に提唱された言葉。

❷脱炭素社会（低炭素社会）
二酸化炭素の排出が少ない社会を目指す取り組み。二酸化炭素の排出量と吸収量が等しい状態（カーボンニュートラル）を目指す。

❸レジリエンス
日本語では回復力・復元力・強靱性などと訳される。防災に強い国土を目指す「ナショナルレジリエンス」などの取り組みがみられる。

❹再生可能エネルギー
太陽光・風力・地熱など、自然の中で絶えず生み出されている力のこと。自然を利用しているため、地球環境にも優しい。

❺パリ協定
2015年のCOP21（第21回国連気候変動枠組み条約締約国会議）において採択された、気候変動に関する国際的な枠組み。温室効果ガスの削減を目指す。

環境意識の高い企業が、コロナ後の経済活動を制する？

国際エネルギー機関（IEA）は、新型コロナウイルスの感染拡大によって世界各地の経済活動が停滞し、都市封鎖（ロックダウン）などが行われたことにより、2020年の二酸化炭素排出量が、前年を約8％下回るとの予測を発表しました。二酸化炭素の排出量が前年度を下回るのは、リーマン・ショックの影響を受けた2009年以来となります。

このほかにも、コロナによる経済活動の停滞や都市封鎖は、悪化の一途を辿ってきた地球環境問題に一定のブレーキをかけることとなりました。そこで、経済復興の過程で、環境問題の解決に向けた取り組みも並行しようとする声があがりました。欧米の国々を中心に、❷脱炭素社会に向けた取り組みなど、環境対策と並行して経済活動を行うグリーン・リカバリーとよばれる政策が提唱されるようになりました。

コロナ後の社会を見据え、日本でもグリーン・リカバリーが検討されている

「新たな日常」への適応

●日本がグローバルな変化に取り残されることなく、「新たな日常」へと適応していくためには、「3つの分野」における取り組み強化と、分野横断的に求められる「❸レジリエンス」を高めることが必要ではないか。

1 「医療・健康」（感染症リスクとともに生きる）
医療物資の供給確保、感染症への対応、健康意識の増大・生活変化への対応

2 「デジタル」（デジタル社会の到来を前提とした安全・安心なインフラ整備）
通信回線、送配電網、交通インフラへの次世代化投資の促進
個人データを利活用するデジタル基盤、プライバシー保護の在り方

3 「グリーン」（気候変動問題への対応・エネルギー安全保障）
非効率石炭火力のフェードアウト、❷脱炭素化技術の開発と市場化

4 「レジリエンス」（国民生活の安全保障、企業・産業の強靱性向上）
医療物資の供給確保、戦略物資・技術の特定、サプライチェーンの強靱化
投資審査・技術審査体制の強化

1 医療・健康	2 デジタル	3 グリーン
4 レジリエンス		

（経済産業省HP／資料「新型コロナウイルスの影響を踏まえた経済産業政策の在り方について」より）

＼ ここも勉強しよう！ ／

石炭火力発電所の大幅削減方針を発表

2020年7月、政府は2030年度までに、二酸化炭素を多く排出する形式の石炭火力発電所を、北海道や沖縄といった一部地域を除いて休止、または廃止する方針を明らかにしました。現在のエネルギー資源の主役は原油ですが、石炭は価格が安く、一定の需要があります。また、火力発電の燃料は、近年は天然ガスが多く用いられるようになっています。

2015年に結ばれた❸パリ協定に基づき、日本は2030年度に、2013年と比べて温室効果ガス排出量を26％削減する目標が課せられています。目標達成のため、❹再生可能エネルギーの利用促進とともに、今回の判断が注目されています。

電力・都市ガスの小売り自由化

2016年には電力、2017年には都市ガスの小売り全面自由化が始まりました。それまで電気・ガスの販売をほぼ独占していた各地域の電力会社・ガス会社との間に競争がくり広げられ、料金値下げやサービスの向上といった効果が見え始めています。

発電エネルギー源の割合

水力 7.8　　　　　　　　　　　　　　新エネルギー 0.6

| 2010年 | 火力 66.7 | 原子力 24.9 |

(%)0　　20　　40　　60　　80　　100

2017年　火力 85.5

水力 8.9　　　　　　　　　　　　　　原子力 3.1
　　　　　　　　　　　　　　　　　　新エネルギー 2.4

※「日本のすがた2020」より
※新エネルギーとは、風力、太陽光、地熱などのこと。再生可能エネルギーは新エネルギーと水力発電があてはまる。

小学校などの「9月入学」の検討

CHECK
現行制度からの変更には、膨大な時間と労力がかかる。

9月入学 来年度見送り

政府・与党 慎重論に配慮

政府・与党は1日、新型コロナウイルスの感染拡大による休校長期化を受けて検討していた「9月入学」について、来年度からの導入を見送る方針を固めた。待機児童の増加や義務教育開始の遅れや、制度移行に伴う混乱を懸念する慎重論に配慮した。自民、公明両党は早期導入見送りを求める提言をそれぞれまとめている。

安倍首相は1日、首相官邸で公明党の石田政調会長らと会談し、9月入学について、「選択肢の一つだが、拙速に行うことはない」と述べ、早期の制度導入を見送る意向を示した。「学びに格差が生じないように全力を尽くす。9月入学は別に考えた方がいい」とも語り、学習遅れへの対策を急ぐ考えを強調した。首相は来年度からの導入見送りを求める公明党の提言を受け取った。

政府は休校長期化を受け、9月入学制度の導入を検討。関係府省の次官ら幹部を集めた検討チームで論点整理を進め、来年度に17か月分の児童を一斉入学させる案や、毎年13か月分の児童が時期をずらしながら入学し、5年かけて移行させる案などが浮上していた。

これに関連し、自民党のワーキングチームも1日、政府への提言案をまとめ、「今年度・来年度のような直近の導入は困難だ」として、制度導入の先送りを求め、2日に首相に提出する予定だ。

早期導入は見送りへ

新型コロナウイルスの感染拡大により小中学校・高等学校・特別支援学校が休校した影響を受け、2020年5月から6月ごろにかけ、学校の新学年を9月からとする「9月入学」をめぐる議論が活発化しました（制度変更による学校現場での混乱を懸念する声も多く、「9月入学」の早期導入は見送られました）。

江戸時代に農民や町人の子が通っていた寺子屋には、特定の入学時期はなく、いつでも入ることができました。明治時代になると各地に小学校がつくられましたが、当時は欧米にならって入学時期は9月でした。1886年に国の会計年度が4月から翌年3月までとなったことから、それに合わせて日本では4月入学が導入されました。

世界では欧米を中心に9月入学の国が多く、日本も9月入学にすることで、海外の優秀な研究者や留学生を受け入れやすくなり、国際化の推進にもつながるのではないかとされています。

「9月入学」の議論は1980年代の中曽根首相のころから政府で始まりましたが、100年以上続く現行の制度からの変更には膨大な時間と労力がかかることや、現場の先生たちへの負担が一層重くなることが予想されることなどから、反対意見も根強くみられます。

寺子屋
江戸時代に農民や町人の子が通い、読み・書き・そろばんを学んだ。武士の子弟は藩校に通い、武術や漢文などを学んだ。

会計年度
国や地方公共団体が予算区分を整理するために設けられた一定期間。日本では4月1日から翌年3月31日までを1会計年度としている。

1 感染症対策を行う国連の機関を何といいますか。

2 2020年3月に **1** の機関が宣言した、感染症の世界的流行を何といいますか。

3 ロンドン・パリ・ニューヨークなど、世界各地の大都市で実施された都市封鎖のことをカタカナ6字で何といいますか。

4 新型コロナウイルス感染の流行で **3** の都市封鎖が世界で初めて行われた中国の都市はどこですか。

5 新型コロナウイルスの感染防止のために人と人との距離を保つ「社会的距離」を意味する言葉は何ですか。カタカナで答えなさい。

6 改正新型インフルエンザ対策特措法に基づき、新型コロナ担当大臣を任命したり、緊急事態宣言を発表したりする行政府の長を何といいますか。

7 緊急事態宣言が発令された際に、住民への外出自粛要請や店舗への休業要請を出す権限を持つ首長の職制は何ですか。

8 新型コロナウイルスの感染防止のために避けるべき状態である「3密（3つの密）」にあてはまるものを、3つすべて答えなさい。

9 感染症の感染者集団のことを何といいますか。

10 患者の爆発的な増加を何といいますか。

11 情報通信技術を使って自宅をはじめとした会社以外の場所で仕事をすることを何といいますか。

12 電車内における「3密（3つの密）」を避けるために、通勤ラッシュの時間帯をずらして出勤することを何といいますか。

13 オリンピックのあとに開かれる、障がい者のスポーツ大会を何というか答えなさい。

14 2020年9月に内閣総理大臣に就任した人物はだれですか。

15 環境対策と経済対策を並行して行うことを何といいますか。

2021年 入試予想問題

1 次の文章を読んで、あとの問いに答えなさい。

2019年12月に世界で初めて中国で感染が確認された①新型コロナウイルス（COVID-19）は、2020年には②感染が世界的に流行しました。新型コロナウイルスの流行地域はアジアから③ヨーロッパへと広がり、やがて、（　④　）やブラジルなどにも広がりました。新型コロナウイルスは各国で猛威をふるい、イタリアや（　④　）などでは日々増大する感染者に対応しきれず、⑤医療崩壊を起こした事例もみられました。

問1 下線部①について、次の問いに答えなさい。

（1） 新型コロナウイルス（COVID-19）が最初に流行した中国の都市名を漢字で答えなさい。

（2） **（1）**の都市の位置を右の**[地図]**中から選び、記号で答えなさい。

（3） 新型コロナウイルスを構成する「リボ核酸」の略称をアルファベット3字で答えなさい。

問2 下線部②について、次の問いに答えなさい。

（1） このような事態を表す言葉をカタカナ6字で答えなさい。

（2） 2020年3月には、「世界保健機関」が新型コロナウイルスを**（1）**の事態であると認定しました。「世界保健機関」の略称をアルファベットで答えなさい。

[地図]

中国行政区分地図

問3 下線部③について、ヨーロッパでは2020年春ごろに感染が急拡大しました。これについて、次の問いに答えなさい。

（1） イギリスのロンドンやフランスのパリなどで実行された、都市への人やものの出入りを制限する都市封鎖を表す言葉を、解答欄に合わせてカタカナで答えなさい。

（2） 新型コロナウイルスがヨーロッパで急拡大した背景に、日本との生活習慣の違いがあるのではないかという意見がみられます。これについて、ウイルスの感染拡大をおさえているとされる、日本の生活習慣にはどのようなものがありますか。例をあげて説明しなさい。

問4 （　④　）にあてはまる、**問2（2）**の機関から2021年7月に脱退予定の国はどこか答えなさい。

問5 下線部⑤について、イタリアでは新型コロナウイルスの重症者が増加した結果、ＩＣＵ（集中治療室）の収容能力を大きく上回りました。このとき、患者の症状に応じて、助かる見込みの高い患者から優先的に治療が行われました。このように、緊急時に治療の優先順位を決めて選別することを「トリアージ」といいます。新型コロナウイルスの感染拡大によって「トリアージ」を実施せざるを得ない状況を阻止するために必要な施策について、簡単に説明しなさい。

2 次の文章を読んで、あとの問いに答えなさい。

日本でも新型コロナウイルス（COVID-19）の感染が確認され、政府は対応に追われるようになりました。①医療体制の整備と並行して、2012年に制定された新型インフルエンザ対策特別措置法を改正し、新型コロナウイルスにも適応できるよう法律を整えました。これにより、新型コロナウイルスの感染が国内で急速に拡大する恐れがある場合、②首相が緊急事態宣言を出せるようになりました。感染者が増え続ける中、4月には全都道府県に緊急事態宣言が発令され、国民は③「（★）要（★）急」の外出を控えるよう要請されました。学校が休みになったり、④飲食店や映画館・カラオケ店などが営業を自粛したり、スポーツや音楽のイベントが中止されるなど、⑤国民の生活に大きな変化がありました。なかには、仕事が休みになったり減ったりしたために、生活に困る人も出てきました。政府は⑥国民1人ひとりに特別定額給付金の支給を行ったり、企業向けに持続化給付金の受け付けを行ったりしました。

問1 下線部①について、医療の側面から感染症の対応にあたった省庁を次から選び、記号で答えなさい。

ア．総務省　　　イ．厚生労働省　　　ウ．外務省　　　エ．防衛省

問2 下線部②について、次の問いに答えなさい。

(1) 2020年4月に緊急事態宣言を発令した、このときの首相（内閣総理大臣）の氏名を漢字で答えなさい。

(2) 右の図は、緊急事態宣言が発令された後の動きを示しています。図中の空欄について、あとの問いに答えなさい。

①空欄には、各都道府県の首長を示す役職が当てはまります。この役職を何といいますか。漢字2字で答えなさい。

［図］

> 首相が緊急事態宣言を発令（区域と期間を指定）
>
>
>
> 対象区域の（　　　　）が、住民に対して緊急事態措置を実施

②東京都で①の役職についている人物の名を次から選び、記号で答えなさい。

ア．吉村洋文　　　イ．鈴木直道　　　ウ．小池百合子　　　エ．西村康稔

③緊急事態宣言が発令された際にとることができる、①の役職の人物に与えられた権限について述べた文として誤っているものを次から選び、記号で答えなさい。

ア．飲食店などに休業要請を出す。　　　イ．住民に外出自粛要請を出す。

ウ．他の都道府県からやってきた人を追い返す。

エ．医薬品や食料品を業者から強制的に収用できる。

問3 下線部③は、できるだけ家で過ごすことを求める言葉を示しています。（★）に共通して入る漢字を答えなさい。

問4 下線部④について、外出自粛によって、飲食店では持ち帰りの商品を充実させる事例がみられました。飲食店で持ち帰りの食料品を購入した場合、この食料品にかかる消費税率は何％か答えなさい。

問5 下線部⑤について、次の問いに答えなさい。

（1） 日々の生活のなかでは、「3密」を避けることが重要であると考えられています。「3密」とは、「密集」「密接」とあと1つは何か答えなさい。

（2） （1）を避けるために、人と人との間に距離を空けることが求められます。このような距離（社会的距離）を何といいますか。解答欄に合わせて答えなさい。

（3） 次のうち、リモートワーク（テレワーク）が行いにくい業務を選び、記号で答えなさい。

ア．洋服の販売　　　イ．売り上げの管理　　　ウ．取引先との打ち合わせ　　　エ．建物の修繕

問6 下線部⑥について、次の問いに答えなさい。

（1） 国民1人当たりに給付された特別定額給付金の金額を答えなさい。

（2） この事業を主導したのは、選挙や消防防災、郵政などを管理している省庁です。正しいものを次から選び、記号で答えなさい。

ア．総務省　　　イ．厚生労働省　　　ウ．外務省　　　エ．防衛省

（3） 給付金の申請手段の1つに、インターネット上で手続きを行うオンライン申請があります。オンライン申請を行うには、12桁の個人番号が記載されたICカードが必要です。個人の情報を効率的に管理する目的で2015年から国が導入し始めたこのカードを何カードといいますか。解答欄に合わせてカタカナ6字で答えなさい。

3　次の文章を読んで、あとの問いに答えなさい。

　①近年、訪日外国人旅行者数は年々増加し、2018年には3000万人を突破、② 2020年には4000万人突破を目標としていました。しかし、今年（2020年）に入り新型コロナウイルスの感染拡大を防止するために外国への移動を制限する動きが各国に広がりました。その影響を受けて、訪日外国人旅行者数は大幅に減少し、回復の目途が立たない状況が現在も続いています。

　そこで、政府は国内旅行の喚起策として③「Go To トラベル」事業を始めましたが、新型コロナウイルスの感染拡大をどのように防止するのかなど国民からは多くの疑問の声が上がっています。

問1 下線部①について、次の問いに答えなさい。

（1） 「外から内に入る」という意味を持つ、訪日外国人旅行者を表す言葉をカタカナ6字で答えなさい。

（2） 外国人観光客にとって使いやすい交通機関にするために行われている取り組みを1つあげなさい。

問2 下線部②について、この目標を突破するための目玉とされたのが、2020年に開催を予定していた東京オリンピックでした。東京オリンピックについて、次の問いに答えなさい。

（1） 1940年に開催予定だった「幻の東京オリンピック」について、このオリンピックが中止になった理由を説明しなさい。

（2） 1964年に開催された東京オリンピックの開会式の日をきっかけに、「体育の日」が制定されました。「体育の日」は2020年から何という名前になりましたか。

問3 下線部③について、この事業を行っている2008年に発足した観光庁が所属する省はどこか答えなさい。

1 解答欄

問1	(1)		(2)		(3)				

問2	(1)							(2)	

問3	(1)	ダウン	(2)	

問4	

問5	

2 解答欄

問1		問2	(1)		(2)	①		②		③	

問3		問4	%	問5	(1)		(2)	ディスタンス	(3)	

問6	(1)		(2)		(3)					

カード

3 解答欄

問1	(1)					
	(2)					

問2	(1)		(2)	

問3	

適性検査・表現型問題

1 たろうくんは新型コロナウイルスの感染拡大防止のための「新しい生活様式」に関する人々や企業の取り組みについて調べ、資料を見つけました。これについて、次の課題に取り組みなさい。

[資料1] ある飲食店のメニュー表

〈 2020年7月1日から新価格！ 〉		
パスタメニュー	（旧）税抜き	（新）税込み
ペペロンチーノ	499円	500円
ミートソース	599円	600円
カルボナーラ	699円	700円

[資料2] 「学校の新しい生活様式」の例

（「読売新聞」2020年6月1日付）

課題1 ある飲食店のメニュー表をあらわした [資料1] を見て、この飲食店はどのような取り組みを行おうとしているか、「新しい生活様式」の観点をふまえて説明しなさい。

課題2 学校における新しい生活様式の例をあらわした [資料2] を見て、とくに注意が必要とされる学校での活動について、例をあげて説明しなさい。

課題 1	
課題 2	

2 新型コロナウイルスの流行により、海外では厳格な都市封鎖（ロックダウン）を行い、人の移動を制限している地域も見られました。このような措置がとられた国々に見られた環境面における変化について、右の [グラフ] からわかることをふまえ、なぜそのような変化があったと考えられるかをあわせて説明しなさい。

[グラフ]

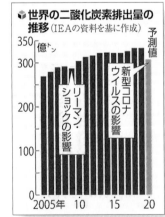

（「読売新聞」2020年5月11日付）

課題	

第 2 章

感染症の歴史

世界の感染症

人類と感染症の闘いの歴史

100年前のスペイン風邪流行に学ぶ

この記事も チェックしておこう!

感染拡大防止対策をわかりやすく伝える取り組み

カミュ「ペスト」異例15万部増刷

フランスの作家、アルベール・カミュ（1913〜1960年）の代表作「ペスト」の新潮文庫版＝写真＝の売れ行きが1月下旬から急増し、8日に累計発行部数が104万部に達した。

「ペスト」は、ペストの流行で封鎖された都市住民の闘いを描いた「ペスト」は、

1947年に発表された。新潮文庫版は69年に刊行され、近年は年間500部程度の増刷だったが、今年は2月中旬以降だけで7回にわたって計15万部超を増刷。紀伊国屋書店新宿本店には多くの購入者が訪れ、「一時は店の文庫部門の週間ベストセラーになった」（同店担当者）という。

新潮社によると、同作は欧米でもベストセラーになっており、「映画化などの話題なしに、ここまで大きな反響を得たことは過去に例がない」としている。

（「読売新聞」2020年4月9日付）

新型コロナウイルスの感染拡大により、人々の間では歴史に対する関心が高まりました。過去の感染症に関する書籍が売れるなど、注目度が高まっています。

世界の感染症

病気持ち込ませない

きょうの読売新聞
New聞
読みくらべよう!

新型コロナウイルスのような伝染病の拡大を抑えるためには、病気にかかっている人を国内に入れないことも大切です。そのために、空港や港で行われるのが「検疫」です。

② 成田空港の検疫ゲート

海外からの渡航客に聞き取りを行う防護服姿の検疫官（成田空港で、3月9日）

14世紀 ヨーロッパで始まる

きっかけは「ペスト」

① 検疫の歴史は、古く14世紀のヨーロッパまでさかのぼります。発症すると激しい熱が出て、6～9割の人が死亡します。当時、世界規模で猛威を振るっていた伝染病が「ペスト」です。

ペストは、元々ネズミの病気ですが、ネズミについているノミからヒトに伝染しています。

ペストによって、ヨーロッパの人口の3割が死亡したと言われています。死者の体が黒く変色することから、「黒死病」と呼ばれました。

当時のヨーロッパでは、船を使った交易が盛んでした。

でも、ペストにかかった乗組員が上陸してしまうと、国内にペストが広がってしまうかもしれません。

そこで、ラグサ共和国（いまのクロアチア・ドブロブニク市）で、入港を希望する船は、港の外で40日間待機し、ペストが発生しなければ入港を許可することにしました。これが、検疫の始まりと言われています。

日本では19世紀末 コレラ猛威で

日本で検疫制度が誕生したのは19世紀末。きっかけとなったのが「コレラ」です。コレラ菌によって広がる伝染病で、感染すると米のとぎ汁のような白い下痢を繰り返し、脱水症状によって死亡することもある怖い病気です。

元々は、インドのガンジス川の流域の病気でしたが、船による人の行き来が活発になり、世界的に流行したのです。

日本では、江戸時代の1822年に初めて確認され、その後、何度も大流行を繰り返しました。明治に入っても流行は続き、1879年（明治12年）には死者10万人を超す惨事となりました。

何とかコレラを防ごうと、明治政府は、この年、法律を作って検疫を行うことにしました。1899年（明治32年）には、横浜、神戸、長崎の港に検疫所ができました。この時は、船だけが検疫の対象でしたが、1921年（大正10年）には、海外からやってくる航空機にも検疫を実施することになりました。

流行防いだ後藤新平

② 日本の検疫を語る上で、欠かせない人物が、岩手出身の大物政治家、後藤新平（1857～1929年）です。

後藤は、瀬戸内海の3つの島に大きな検疫所を建設しました。兵士が到着すると船の検査を実施し、持ち物を徹底的に消毒しました。

感染者が確認された場合、同じ船に乗っていた全員を隔離して消毒を繰り返し、国内でコレラが流行することを防ぎました。3か月続いたこの検疫は、「もう一つの日清戦争」と呼ばれるほど大変な事業でした。

④ 内務省の官僚でもあった後藤は、日清戦争（1894～95年）後に中国から帰国する兵士23万人に大規模な検疫を実施しました。当時、中国では、コレラが猛威を振るっていました。兵士にも感染者が出ていて、問題となっていました。

③
④

後藤新平（国立国会図書館提供）

（「読売KODOMO新聞」2020年4月16日付）

重要語句

❶ 検疫
港や空港において、海外から持ちこまれた動植物や食品などが、病原体などに汚染されていないか確認すること。

❷ 成田空港（成田国際空港）
千葉県北部の下総台地に位置する国際空港。国際線を中心とした旅客輸送だけでなく、日本最大の貿易空港としても運用され、通信機や医薬品など、軽く・小さく・高価なものが多く輸入されている。

❸ 内務省
1871年、欧米視察に派遣された岩倉使節団に参加した大久保利通（初代内務卿）が中心となり、地方行政・警察をはじめとする国内行政の多くを担った機関。戦前は巨大な権力を握っていたが、戦後、GHQの命令によって解体された。

❹ 日清戦争（1894～95年）
朝鮮で発生した甲午農民戦争の後処理をめぐり、日本と清が朝鮮半島や黄海などで戦った戦争。勝利した日本は、下関条約で遼東半島（のちに三国干渉によって清に返還）や台湾などの領土と2億両の賠償金を清から得た。

交易と感染症

新型コロナウイルスの感染が人々の移動や接触によって拡大したように、これまでも人々の往来や交易によって感染症が拡大した例はいくつもあります。

ペストの原因菌であるペスト菌は、動物からノミを介して人々に広がるだけでなく、人と人の間でも感染が拡大していきます。感染すると高熱を出し、皮膚が内出血によって黒く変色するため「黒死病」の名で恐れられました。

14世紀、イタリア北部の諸都市では、中東やエジプトを経由してアジアの香辛料や絹織物を輸入していました。その交易ルートを通じてペスト菌がヨーロッパに流入して大流行し、諸説ありますが14世紀末までにヨーロッパだけで2000万人以上が死亡したとされています。

19世紀末に北里柴三郎らがペスト菌を発見し、現在は感染防止対策が取られるようになっています。

幕末のコレラ流行

コレラに感染すると下痢や嘔吐が起こり、急激な脱水症状などによって命を落とすこともあります。19世紀中ごろ、産業革命によって急速な都市化が進んでいたロンドンでコレラが大流行しました。ジョン・スノーという医師は井戸水に原因があることを突き止め、その後、飲料水として利用されていたテムズ川の汚染を防ぐために下水道の建設が進められました。

日米修好通商条約が結ばれた1858年、長崎に入港したアメリカ艦船の乗組員がコレラを持ちこみ、全国的に広がりました。感染するとすぐに死ぬことから人々からは「コロリ」と恐れられ、浮世絵師の歌川広重も犠牲になっています。

明治時代に入って、コレラの流行を防ぐために東京では近代的な水道設備の建設が進められました。1898年には東京・新宿区の西部に広大な淀橋浄水場が完成しました。

(こ こ も 勉 強 し よ う ！)

感染症の流行と訪日外国人

感染症が流行すると、人々は感染の拡大を恐れて移動を控えるようになります。そのため日本を訪れる外国人旅行者の数が減少し、観光業や運輸業などに大きな影響を与えることがあります。

2002年11月ごろから、中国の南部でSARSコロナウイルスによって引き起こされる、重症急性呼吸器症候群（SARS）が発生しました。高熱や咳などの症状をあらわすこの感染症は、中国や北アメリカで感染が拡大しましたが、日本での発症例はなく、2003年7月にWHO（世界保健機関）は封じこめの成功を宣言しました。

SARSは比較的短時間で封じこめに成功しましたが、感染が拡大していた期間、中国や香港、カナダなどから日本に訪れる外国人旅行者の数は、大きく減少しました。2003年の訪日外国人数は約520万人、2019年の訪日外国人数は約3200万人です。現在、新型コロナウイルスは世界中で流行しているので、その影響ははるかに大きいものになっています。

2012年より、MERSコロナウイルスによって引き起こされる、中東呼吸器症候群（MERS）の感染が中東や韓国において拡大しました。MERSの感染は現在も続いていますが、世界全体の死者数は1000人未満におさえられています。

人類と感染症の闘いの歴史

感染症 闘いは続く

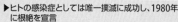

天然痘
感染が拡大した主な時期
5～8世紀

急激な高熱と発疹があり、致死率は2～5割とされる

🛕 シルクロードを使った貿易でヨーロッパや中東に広がり、日本でも仏教伝来とともに持ち込まれた

▶ 仏教の力で乗り越えようと、聖武天皇が奈良・東大寺に大仏を建立

▶ 1796年にイギリス人医師のジェンナーが、牛の天然痘ウイルスを接種する（種痘）と予防効果があると発見。日本でも江戸時代後期に種痘が広まった

▶ ヒトの感染症としては唯一撲滅に成功し、1980年に根絶を宣言

ペスト
14世紀

高熱のほか、皮膚が出血をともなう発疹で黒くなるため「黒死病」と呼ばれ恐れられた。推計で7500万人が死亡したとされる

🛕 中央アジアで発生したとみられ、モンゴル帝国のヨーロッパへの進軍や、貿易の拡大などにより14世紀にはヨーロッパで大流行が起きた

▶ 地域の社会の健康状態を守る「公衆衛生」という考え方が広がる。中世イタリアでは船の「検疫」を開始

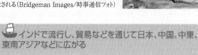

▶ ペスト菌は1894年、細菌学者の北里柴三郎らが発見した

疫病は悪い空気がもたらすと考えられていた時代があり、17世紀にペストの治療にあたった医師は、香料をつめたくちばし状のマスクをつけていたとされる（Bridgeman Images／時事通信フォト）

コレラ
19～20世紀

下痢や嘔吐を引き起こし、脱水症状が進むと死亡する

🛳 インドで流行し、貿易などを通じて日本、中国、中東、東南アジアなどに広がる

▶ イギリスの医師が感染経路を特定。「汚水が原因」との考え方が広まり、水道の整備が進むなど、都市衛生環境の改善を生んだ

▶ 地球温暖化による海水温の上昇で、コレラ菌の生息環境が広がり、感染拡大の可能性も指摘されている

スペイン風邪
20世紀初頭

病原体はインフルエンザウイルス。1918～20年に流行。世界中で4000万人以上が死亡、大正時代の日本でも約40万人が死亡したとされる

🛳 アメリカで流行が始まり、第1次世界大戦中にアメリカ軍がヨーロッパに渡り、現地で拡大したとされる

▶ 1918年、アメリカのセントルイス市が、教会や劇場を閉鎖し、人の接触を極力減らした結果、パレードなどを行った州に比べ死亡率は半分以下となった。この事例が、今回の新型コロナウイルスの都市封鎖や学校休校などにも影響しているとする見方もある

当時のポスター
（内務省衛生局「流行性感冒」から）

エボラ出血熱
現代

高熱、悪寒、筋肉痛、下痢などの症状が表れ、口や鼻など全身から出血する。過去の流行時の致死率は5～9割

🛳 1976年にアフリカ中部で見つかった。熱帯雨林にいるコウモリが自然宿主とされ、かまれたサルや家畜から人間に伝染する

▶ 鉱物採掘などのため、森林伐採が進み、ウイルスを保有する動物と接触する機会が増えたことが、発生頻度を上げる原因と考えられている

エボラ出血熱による死者とみられる遺体を入れたひつぎを運び出す医療関係者ら（ロイター）

CHECK

非常に毒性が強いエボラ出血熱は、1970年代以降、アフリカの国々で何度も流行している。エボラウイルスの有無を確認できる検査キットが、JICA（国際協力機構）を通じてアフリカに提供されている。

（「読売中高生新聞」2020年3月20日付）

重要語句

❶ 公衆衛生
国民の健康増進や病気を予防するために、生活環境や医療などを整備していくこと。日本では保健所が中心的な役割を果たす。

❷ モンゴル帝国
13世紀、チンギス・ハンのもとでアジアからヨーロッパに至るまで版図を広げた遊牧民の大帝国。

厚生労働省がTwitterやアプリに掲載した啓発アイコン

アマビエ
疫病を予言したり鎮めたりするとされている妖怪。江戸時代の書物にその名前が見られます。新型コロナウイルスの流行で全国的に注目されました。

天然痘の流行と制圧

感染すると高熱を出し、顔などに発疹（吹き出物や水疱などができること）をもたらす天然痘（疱瘡ともよばれました）は、奈良時代、**シルクロード**から日本に持ちこまれ、大流行しました。当時、政治の中心にあった藤原不比等（**中臣鎌足の息子**）の息子の4兄弟は、天然痘で亡くなり、国内政治は大いに混乱しました。

当時の天皇である**聖武天皇**は、この事態を憂えて仏教への信仰を深めました。聖武天皇は全国に**国分寺と国分尼寺**を、また平城京に**東大寺**と大仏を建立しました。奈良時代以降も天然痘の流行は何度もくり返され、平安時代には藤原道長の兄や親族たちが、安土・桃山時代には**伊達政宗**、江戸時代には**徳川家光**などが感染しています。

20世紀にはワクチンの開発が進み、1980年に**WHO**（世界保健機関）によって天然痘の根絶が宣言されました。

結核の流行

結核はかつて、「国民病」や「亡国病」とよばれ、恐れられました。厚生労働省の資料によると、1943年には男性9万4623人、女性7万6850人が結核で亡くなっています。また1935年から1943年の間は1939年を除いて、日本人の死因のトップでした。

古くは平安時代、**清少納言**が著した『**枕草子**』の中で「胸」の「病」について記されており、当時流行した結核だとみられています。また明治時代には俳句で活躍した**正岡子規**や小説『たけくらべ』で有名な**樋口一葉**や政治家の**陸奥宗光**、**小村寿太郎**などが結核により命を落としました。

結核による死者が減少するのは、戦後、ストレプトマイシンなどの抗生物質が使われ始めてからでした。ただし近年は感染の拡大が再び懸念され、小規模ながらもクラスター（集団感染）の発生も確認されています。

こ こ も 勉 強 し よ う ！

✎ 感染症にかかった歴史上の人物

● 平清盛

平安時代、太政大臣に昇りつめ、「平家にあらずんば人にあらず」といわれた平家の代表者であった清盛は、最期はマラリアとされる病気にかかって亡くなりました。高熱を出して苦しんだ様子が『平家物語』に記されています。

● 伊達政宗

「独眼竜」の異名で知られる戦国大名です。右目を失ったのは幼いときにかかった天然痘が原因でした。

伊達家の当主となると、積極的に領土を拡大し、東北地方南部を支配し、江戸時代に初代仙台藩主となりました。天然痘は治っても痘痕が残ることから「見目（器量）定め」ともいわれました。

✎ 感染症との闘い

● 北里柴三郎

ドイツに留学して細菌学の研究を行い、**破傷風**の治療法を開発したりペスト菌を発見するなどの業績を残しました。

● 野口英世

北里柴三郎の研究所に勤務後、アメリカに留学。熱帯の感染症である**黄熱病**を研究しましたが、ガーナでその黄熱病に感染し亡くなりました。

100年前のスペイン風邪<ruby>風<rt>かぜ</rt></ruby>流行に学ぶ

3年間で3度の流行

インフルエンザウイルスを病原体とするスペイン風邪が流行したのは、ほぼ100年前。日本は大正時代だった。医療水準や衛生環境など状況が大きく異なるが、世界中で多くの死者を出した感染症だ。新型コロナウイルスの脅威にさらされている今、過去から学ぼう。

終息 世界の死者 4000万人超

かつて国立感染症研究所でウイルスを研究し、『人類と感染症の歴史―未知なる恐怖を超えて―』の著書がある加藤茂孝さん=写真=によると、人類がインフルエンザウイルスを発見したのは、スペイン風邪の流行後の1933年。スペイン風邪流行時は「（闘う）相手がわからない状態だった」という。

もちろん特効薬やワクチンはなく、多くの人が感染して免疫を獲得してようやく終息していったと考えられるという。結局、日本では流行期は3年ほど続き、感染した人は人口の約4割に上り、約39万人の死者を出したとされる。死者は45万人を超えるとの推計もある。

世界では、当時の人口約20億人の約3分の1が感染し、死者は4000万人以上になったとされる。

接触抑えるしかない

加藤さんは「病原体が不明だったスペイン風邪と違い、新型コロナウイルスのワクチンや特効薬の開発が進んでいる。開発に時間がかかれば、みんなが免疫を持つまで終息しない可能性もある。今の状況では、人が接触しないようにし、感染拡大を防ぐしかない」と話している。

発生 アメリカ兵 次々と発熱

最初に患者が確認されたのは1918年3月。アメリカ軍の基地だった。発熱や頭痛を訴える兵士が相次ぎ、死者も出た。

今では、病原体がインフルエンザウイルスであることは分かっているが、当時はウイルスを確認する技術がなく、この症状を引き起こすウイルスが何なのかすら不明だった。

スペイン風邪について詳細に分析した『日本を襲ったスペイン・インフルエンザ』（速水融、藤原書店）によると、ウイルスがどこで発生したのかについては、アメリカ説、中国説などがあり、今も不明という。「スペイン」の名が使われた理由は、第1次世界大戦中だったため各国が感染の実態を隠すなか、中立国だったスペインの情報ばかりが報道されたからだという。

> 新型コロナでは
> 中国・武漢市で原因不明の肺炎患者が確認されたのは昨年12月。のちに新型コロナウイルスが原因だと判明した。
> 中国側は「野生動物を取引していた武漢の市場からウイルスが広がった」と説明。もとはコウモリが持っていたウイルスだと考えられた。しかし、アメリカから「武漢にあるウイルス研究所から広がった」と疑いの目を向けられ、中国政府が反論する事態になっている。

拡大 第2波 致死率高まる

感染が世界に広まったのは、アメリカ兵が戦地であるヨーロッパに渡ったためだとされる。当初は死者が少なかったが、1918年8月以降、凶暴化したウイルスが世界で猛威をふるい、一気に死者が増えた。

国内状況についてまとめた内務省衛生局『流行性感冒』によると、日本でも同じ8月下旬に流行が始まり、3年にわたり3回流行した。

1回目の流行では、人口約5700万人のうち約2100万人が感染したという。死者も25万人以上を数えた。

いったん死者数は大きく減ったが、再び2回目の流行がやってきた。この時期に感染した人は1回目の流行の10分の1ほどに減ったが、致死率は1.22％から5.29％と4倍以上になった。

『日本を襲ったスペイン・インフルエンザ』では、致死率が高くなったことについて、＜ウイルスは変異して「毒性」を高くしていったのだろうか＞としている。

『流行性感冒』が流行の3回目とする時期は流行の2回より густ着いたが、1921年3月には1000人以上の死者が出ている。

> 新型コロナでは
> 発生源の武漢市で感染者が続出したため、中国政府は街を封鎖したが、ウイルスはほかの都市や国にも広がった。
> アメリカのジョンズ・ホプキンス大学の集計では、4月28日時点で世界の感染者は300万人を超えており、20万人以上が亡くなっている。アメリカ、スペイン、イタリア…の順に感染者が多く、日本では1万3000人以上が感染している。

日本のスペイン風邪の死者数の推移

	第1回流行 約2100万人感染	第2回 約240万人感染	第3回 約22万人感染

（縦軸）人 5万〜1万、（横軸）8月1918年／1月19年／7月／10月／1月20年／7月／1月21年
※人口動態統計をもとに作成
※感染者数は『流行性感冒』による

対策 人混み回避・マスク奨励

内務省衛生局は1919年1月、予防法などを示した「流行性感冒予防心得」を出している。

「病人やせきする者に近寄ってはならぬ」「人の集まっているところに立ち入るな」「電車内では必ずマスク」「たびたびうがいを」——。今と同じ対策だ。

1919年2月4日発行の読売新聞には、「充分注意すれば 世界感冒に罹らぬ 人群の中に子供を出すな」と見出しがついた記事があり、人混みの中に行かないこと、夜遅くまで外出しないこと、マスクを着用することなどが呼びかけられている。

マスクの作り方を紹介した記事「自宅で出来る 口覆器 其の製法は極めて容易」（1920年1月18日）によると、「ガーゼを重ねてざっと縫う」そうだ。マスクが飛ぶように売れて値上げされたことを受け、「こんなものは家庭で作ればよい」とも書かれている。

> 新型コロナでは
> 感染症を防ぐために最も基本的に重要なこととして、手洗い、うがい、マスク着用が求められている。さらに、人と人が接触する機会そのものを減らすため、密閉空間、密集場所、密接場面の「3密」を避けることや、ほかの人との距離をとる「ソーシャル・ディスタンス」も意識されている。

（読売中高生新聞 2020年5月1日付）

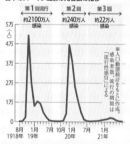

（国立保健医療科学院図書館所蔵 内務省衛生局著「流行性感冒」〈1922年3月〉より、同左）

国立保健医療科学院図書館所蔵　内務省衛生局／制作「流行性感冒」1922.3.

重要語句

❶ 第1次世界大戦
イギリスを中心とした連合国と、ドイツを中心とした（中央）同盟国との戦争。毒ガスや戦車などの新兵器が登場し、国力を出し切る総力戦になったが、最終的には連合国の勝利に終わった。

❷ 中立国
戦争の際、戦争に加わらず、参加国双方に公平な態度をとる国のこと。すべての戦争に対して必ず中立を守る国を永世中立国といい、スイスが代表的な国として知られている。

❸ 免疫
体内に病原菌や毒素などが侵入しても、抵抗して打ち勝つ能力のこと。

スペイン風邪の流行

①第1次世界大戦中の1918年、新型のインフルエンザが発生しスペイン風邪とよばれました。スペイン風邪が世界中で大流行したのは、第1次世界大戦のときにアメリカがヨーロッパに軍隊を派遣したことが原因だったとされています。この名称は、ヨーロッパで数少ない②中立国であったスペインには戦時における報道規制がなく、そこから病気の情報が世界中に広まったことに由来します。

日本では、第1波でおよそ2100万人が感染して約25万人が死亡、第2波では感染者数は減ったものの致死率が高くなったことから、ウイルスが変化して毒性が高まったのではないかと考えられています。当時、マスクの着用や、人の集まっているところに行かないなどの対策がよびかけられ、その心得は、現在の新型コロナウイルスの感染予防とほとんど同じものでした。

スペイン風邪の当時の名称は「流行性感冒」

大正時代の新聞記事を読むと、スペイン風邪のことを「流行性感冒」と称しています。感冒はくしゃみ・鼻水・発熱・倦怠感などの症状があらわれる急性の呼吸器疾患です。流行性感冒はインフルエンザの意味ですが、インフルエンザの原因がウイルスであることが判明したのは1933年のことでしたので、当時の人々はスペイン風邪の原因を特定できず、有効なワクチンや抗生物質も存在しなかったため、予防にはマスクをつけたり、人との接触をさけることなどの方法しかとれませんでした。

こ こ も 勉 強 し よ う ！

✎ ハンセン病と隔離政策

ハンセン病は、らい菌による感染症で、感染することで手足の末しょう神経がマヒし、皮膚に様々な変化が起こります。かつてはハンセン病がどのようにしてうつるかがわからなかったため、恐ろしい病気であると考えられてきました。日本では1931年に癩予防法（1953年にらい予防法に改正）が成立し、ハンセン病患者は各地に設けられた療養所に隔離されました。

患者を隔離する必要がないことは1960年には明らかになっていましたが、隔離はその後も続きました。らい予防法は1996年に廃止され、1998年には、らい予防法の下、激しい差別や偏見にさらされたとして、患者らが国に対して謝罪と国家賠償を求める裁判が始まり、国の責任と賠償を認める判決が出されました。

✎ 新型インフルエンザ

2009年に世界中で新型インフルエンザの大流行が起こりました。新型インフルエンザとは、動物（とくに鳥類）同士で起こるインフルエンザウイルスが、人や動物の体の中で変異し、人から人へと感染しやすくなったものをいいます。2009年のものは豚由来のものでした。メキシコで最初に感染事例が報告され、そのニュースが世界中に発信されました。その後も感染はおさまらず、WHOはパンデミック（世界的大流行）を意味する「フェーズ6」を宣言し、日本でも空港で検疫体制が敷かれました。

世界中でおよそ1万8500人の死者を出し、日本国内でも受診者数が2077万人、死者はおよそ200人に達しました。医療体制も整えられており、学校の休校などの対策もとられたため、パンデミック宣言から1年2か月後に終息宣言が出されました。

この記事も
チェックして
おこう！

感染拡大防止対策を
わかりやすく伝える取り組み

感染拡大防止対策を
わかりやすく

　新型コロナウイルス感染拡大防止には、飛沫を防ぐためのマスク着用・ソーシャルディスタンス（社会的距離）の確保・手洗い・うがいなどが有効です。これらのことがらについて、全国各地でピクトグラムや注意喚起のイラスト・ポスターなどが制作されました。例えば、大阪府堺市では、古墳、埴輪、千利休、与謝野晶子といった、堺市にゆかりのあるデザインを採用したピクトグラムが制作されました。

ソーシャルディスタンス（社会的距離）
感染症の拡大を防ぐため、人と人との距離を開けること。なお、WHOは、人と人との間隔を開けることを、「フィジカルディスタンス（身体的距離）」と称するよう推奨している。

堺市作成の
感染予防ポスター

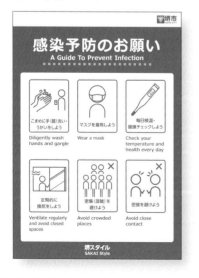

C H E C K
「堺らしいイラスト」について確認しよう。

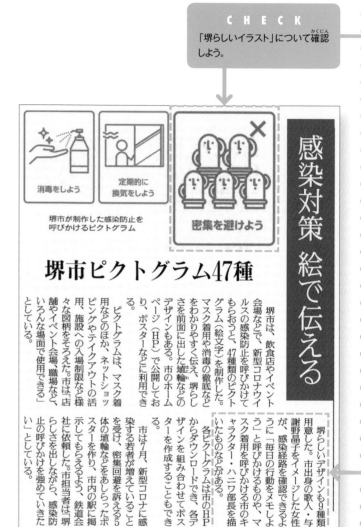

堺市が制作した感染防止を
呼びかけるピクトグラム

密集を避けよう

堺市ピクトグラム47種

感染対策 絵で伝える

堺市は、飲食店やイベント会場などで、新型コロナウイルスの感染防止を呼びかけてもらおうと、47種類のピクトグラム（絵文字）を制作した。マスク着用や消毒の徹底などをわかりやすく伝え、堺らしさを前面に出した埴輪などのデザインもある。市のホームページ（HP）で公開しており、ポスターなどに利用できる。

ピクトグラムは、マスク着用などのほか、ネットショッピングやテイクアウトの活用、施設への入場制限など様々な図柄をそろえた。市は「店舗やイベント会場、職場など、いろんな場面で使用できる」としている。

堺らしいデザインも9種類用意した。市出身の歌人・与謝野晶子をイメージした女性が、感染経路を確認できるように「毎日の行動をメモしよう」と呼びかけるものや、マスク着用を呼びかける市のキャラクター・ハニワ部長を描いたものなどがある。

各ピクトグラムは市のHPからダウンロードでき、各デザインを組み合わせてポスターを作成することもできる。

市は7月、新型コロナに感染する若者が増えていることを受け、密集回避を訴える5体の埴輪などをあしらったポスターを作り、市内の駅に掲示してもらえるよう、鉄道会社に依頼した。市担当者は「堺らしさを出しながら、感染防止の呼びかけを強めていきたい」としている。

（「読売新聞」2020年9月9日付）

「堺らしいイラスト（ピクトグラム）」の例

周りの人との
間隔をとろう

TAKE
OUT

テイクアウトを
活用しよう

マスクをつけよう

毎日の行動を
メモしよう

（堺市ホームページより）

1 空港や港で行われる、病原体の侵入を防ぐために、国外からやってきた人が感染症などにかかっていないかを調べることを何といいますか。

2 1 に関連して、日本で最も国際線の旅客数が多い空港はどこですか。

3 「黒死病」ともよばれる、感染すると高熱を出し、皮膚が内出血によって黒く変色する病気を何といいますか。

4 破傷風菌や 3 の病気の菌を発見した、2024年発行予定の新1000円札の肖像にも選ばれた人物はだれですか。

5 感染すると下痢や嘔吐の症状が出て、急激な脱水症状によって命を落とすこともある病気を何といいますか。

6 4 の人物が師事し、5 の病気の菌を発見したことなどでも知られる、近代細菌学の開祖と称される人物はだれですか。

7 感染すると高熱を出し、顔などに発疹(吹き出物や水疱などができること)をもたらす病気を何といいますか。

8 7 の病気の流行などで混乱した世の中を救うために、大仏をつくるなどして仏教の力に頼った奈良時代の天皇はだれですか。

9 かつては「国民病」「亡国病」とよばれ、1935年時点における、日本人の死因第1位にあげられた病気は何ですか。

10 9 の病気で命を落とした人物のうち、アメリカとの間で関税自主権の完全回復を達成した交渉を行った人物はだれですか。

11 9 の病気で命を落とした人物のうち、「柿くえば　鐘が鳴るなり　法隆寺」などの俳句で知られる人物はだれですか。

12 江戸時代の書物にあらわれる、疫病を予言するとされる妖怪を何といいますか。

13 第1次世界大戦中の1910年にアメリカ軍基地のなかから発生したとされるインフルエンザを何といいますか。

14 13 の病気の名前にあてはまる国は、第1次世界大戦において、連合国・同盟国のどちらにも属さない(　　　)でした。(　　　)にあてはまる語句を答えなさい。

15 らい菌によって引き起こされ、皮膚と末しょう神経がマヒし、皮膚に様々な症状があらわれる病気を何といいますか。

2021年 入試予想問題

1 次の文章を読んで、あとの問いに答えなさい。

多くの人の命を奪う感染症は、これまでに何度も流行し、人々を恐れさせてきました。

文明が発達すると、人口が増加し、人々の間で感染症が拡大しやすくなり流行し始めます。とくに、農耕を始めるようになると定住する人が増え、①糞尿による感染症の危険も高まっていきました。

かつて「亡国病」とよばれた X は、稲作が本格的に始まった（ A ）時代に大陸からもたらされました。平安時代に『枕草子』を著した（ B ）は、「病は、胸」と表現していますが、これは X のことではないかと考えられています。X で亡くなった人は数知れず、②正岡子規や陸奥宗光、③小村寿太郎など多くの有名人の名をあげることができます。

Y は6世紀ごろに大陸から伝わったとされ、奈良時代や平安時代に何度も流行しました。自分の娘たちを天皇の后とし、「この世をば我が世とぞ思ふ（ C ）の……」とうたったことでも知られる（ D ）は、兄を病で亡くしています。このころ天然痘が流行していたことから、天然痘で亡くなった可能性もあります。もし、天然痘の流行がなければ、（ D ）が権力を握ることはなかったのかもしれません。

Y の影響により、失明した人もいます。④戦国大名の伊達政宗は、Y により右目の視力を失い、独眼竜とよばれるようになりました。この恐ろしい感染症は1980年に世界保健機関が根絶を宣言し、現在は過去の感染症となっています。

Z はもともとインドの風土病でした。19世紀、インドを植民地としていたイギリスの軍隊が Z を広げたのではないかと考えられています。1822年、Z は日本に初めて流入しました。[1]に入港していた[2]船から広がったとも、朝鮮から流入したともいわれています。Z は度々日本で流行し、1858年の流行では[3]を描いた歌川広重が Z によって命を落としています。

現在、先進国では感染症によって命を落とす人は大きく減少しました。しかし、新型コロナウイルスの流行は、感染症が決して過去のものではないことをわたしたちに教えてくれました。人類が手を取り合い、感染症の被害を少しでも減らす手立てを講じることが求められています。

問1 （ A ）～（ D ）にあてはまる語句や人物名を答えなさい。

問2 X～Zにあてはまる感染症を次から1つずつ選び、それぞれ記号で答えなさい。

　　ア．コレラ　　　イ．ペスト　　　ウ．天然痘　　　エ．結核

問3 [1]～[3]にあてはまる語句を次の選択肢から選び、それぞれ記号で答えなさい。

　　[1]ア．横浜　　　イ．神戸　　　ウ．長崎　　　エ．下田

　　[2]ア．スペイン　　　イ．フランス　　　ウ．アメリカ　　　エ．オランダ

　　[3]ア．東海道五十三次　　　イ．湖畔　　　ウ．富嶽三十六景　　　エ．見返り美人図

問4 下線部①について、『続日本紀』によると、694年につくられた日本初の本格的な都では、糞尿などによる悪臭がひどく、文武天皇が対策をとるように命じたとされています。この都の名前を解答欄に合わせて漢字で答えなさい。

問5 下線部②について、正岡子規の写真を次から選び、記号で答えなさい。

ア　イ　ウ　エ

（写真提供：日本近代文学館）

問6 下線部③について、小村寿太郎が1911年に成し遂げた外交の成果を、「関税自主権」という言葉を使用して説明しなさい。

問7 下線部④について、戦国大名の説明として正しいものを次から選び、記号で答えなさい。

　ア．武田信玄は現在の山梨県である甲斐国を治めた。「甲州法度次第」を制定するなど、国内体制の強化を図ったが、織田信長と戦った長篠の戦いで敗れ、武田家は徐々に衰退していった。

　イ．伊達政宗は関ヶ原の戦いでは西軍についた。戦後、巧みな外交戦術で領地を削られることなく薩摩国や大隅国などを支配することに成功した。

　ウ．上杉謙信は北信濃の土地をめぐり、武田信玄と何度も「桶狭間の戦い」とよばれる戦いをくり広げた。とくに、1561年の第4回の戦いでは、大規模な合戦が発生し、両軍に多大なる損害が発生した。

　エ．北条氏康は、武田信玄や今川義元と同盟を結び、関東での勢力圏を拡大した。小田原城を本拠地とする北条氏は、1590年に豊臣秀吉の軍勢に攻められて降伏し、関東の支配権を奪われた。

---

2 次の年表には歴史上の重要な出来事と、その前後にはやった疫病や感染症で亡くなった人物が示されています。各下線部について、あとの問いに答えなさい。

[表]

年代	出来事	出来事の前後に発生した疫病や亡くなった人物
743年	聖武天皇が①大仏建立の詔を出す	平城京で天然痘が流行する
1185年	壇ノ浦の戦いで平氏が滅亡する	②平清盛がマラリアと考えられる病で亡くなる
1281年	③元軍、高麗軍が日本を攻撃する弘安の役が起こる	ヨーロッパでペストが流行する
1858年	④日米修好通商条約が結ばれる	江戸でコレラが流行する
1904年	日露戦争が始まる	⑤ポーツマス条約調印後、小村寿太郎が疫病で亡くなる
1914年	第1次世界大戦が始まる	スペイン風邪が世界的に流行する

問1 下線部①について、この詔が出されたのと同じ年に、土地制度の改革にかかわる法が定められました。この法の名前を答えなさい。

問2 下線部②について、この人物は法華経などを写経して、ある神社に納めました。1996年、世界文化遺産に登録されたこの神社の名前を答えなさい。

問3 下線部③について、この遠征を命令した皇帝に謁見したイタリアの商人が、帰国後に著した書物、『世界の記述（東方見聞録）』で日本のことを「黄金の国」としてヨーロッパの人たちに紹介しました。この人物の名を答えなさい。

問4 下線部④について、この条約は「不平等条約」といわれました。不平等であった点を「領事裁判権」もしくは「治外法権」という言葉を使い、簡単に説明しなさい。

問5 下線部⑤について、この講和条約の内容に多くの人たちは強い不満をいだき、東京の日比谷公園で暴動を起こしました。その理由を簡潔に答えなさい。

---

3 次のA～Eの人物の説明を読んで、あとの問いに答えなさい。

A. 聖武天皇		737年に天然痘が流行し、藤原不比等の4人の子どもが亡くなりました。貴族の反乱も起こり、国内が不安定になったため、国家の安寧と疫病から人々が救われるように願った聖武天皇は、741年に①各地に寺院を建立する命令を出し、さらに743年に②大仏造立の詔を出しました。
B. 後醍醐天皇		1331年の大地震をきっかけとして、京都で天然痘が流行しました。天然痘を鎮圧するため、後醍醐天皇が知恩寺の僧たちに100万回の③念仏を唱えさせたところ天然痘の鎮圧に成功しました。その後、後醍醐天皇は鎌倉幕府を倒しましたが、のちに足利尊氏の離反にあい、④後醍醐天皇は京都から逃亡しました。
C. 緒方洪庵		緒方洪庵は、備前藩士の三男として生まれました。大阪で西洋医学の修業をはじめ、江戸と長崎でも学んだあと、医師として働く傍ら大阪に蘭学を教える⑤私塾を開きました。また、種痘（天然痘の予防接種）を広めたことでも知られています。
D. 志賀潔		志賀潔は、仙台市出身の細菌学者です。帝国大学卒業後、伝染病研究所に入り、⑥ペスト菌を発見し破傷風の血清療法を確立した人物のもとで研究をしました。日清戦争のあとで国中に原因不明の病気が流行すると、病原体を探し、赤痢菌の発見に成功しました。
E. 後藤新平		後藤新平は、コレラなどの伝染病が流行していた清から、⑦日清戦争の終結で23万人をこえる兵士が船で帰国することになり、兵士たちの検疫を行う責任者になりました。広島県の似島など3か所に検疫所を2か月で建設し、約23万人の検疫を行いました。

問1 下線部①について、このとき各地に建立された寺院の名前を答えなさい。

問2 下線部②について、大仏が造立された寺院の名前を答えなさい。

問3 下線部③について、念仏を唱えることで極楽浄土にいくことができると説いた仏教の宗派として正しいものを次のア～エから1つ選び、記号で答えなさい。

　　ア. 臨済宗　　　イ. 天台宗　　　ウ. 浄土宗　　　エ. 曹洞宗

問4 下線部④について、後醍醐天皇が開いた南朝があった場所を答えなさい。

問5 下線部⑤について、緒方洪庵が開いた私塾の名前として正しいものを次のア～エから1つ選び、記号で答えなさい。

　　ア. 松下村塾　　　イ. 適塾　　　ウ. 鳴滝塾　　　エ. 梅花塾

問6 下線部⑥について、ペスト菌を発見し破傷風の血清療法を確立した人物名を答えなさい。

問7 下線部⑦について、日清戦争で日本が獲得した領土として正しいものを右の［地図］から1つ選び、記号で答えなさい。

[地図]

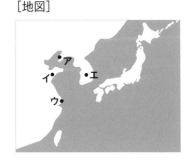

1 解答欄

問1	A	時代	B		C		D	

問2	X	Y	Z		問3	1	2	3		問4		京

問5		問6	

問7	

2 解答欄

問1		問2		問3	

問4	

問5	

3 解答欄

問1		問2		問3	

問4		問5		問6		問7	

適性検査・表現型問題

1 次の文章を読んで、あとの課題に取り組みなさい。

[地図]

1822年、日本で初めてコレラが流行しました。正確な感染ルートは定かでないものの、長崎もしくは対馬から流入してきたものであると考えられています。

コレラは患者の排泄物によって水が汚染され、その水を飲んだ人がコレラに感染する形で感染が拡大していきます。患者が他の地域へと移動することが、感染の拡大につながるのです。1822年の流行では、西日本で患者が大きく増えたものの、江戸で大流行がおこることはなかったと考えられています。その理由として、江戸幕府が人々の移動を制限できたことがあげられます。

課題 江戸幕府はなぜ人々の移動を制限することができたのでしょうか。[地図] からわかることをふまえて説明しなさい。

課題	

2 1918年、アメリカでは新型インフルエンザ（スペイン風邪）が大流行しました。その際、セントルイスとフィラデルフィアの2都市では、行政機関の対応に大きな差が見られました。これらに関する各 [資料] を見て、あとの課題に取り組みなさい。

課題 あなたは感染症の流行が始まった場合、行政機関が早期に集会や行動などの制限を行うことに賛成・反対どちらの立場をとりますか。賛成・反対のどちらかに○をつけ、[資料1] と [資料2] を参考にしてあなたの考えを説明しなさい。

課題
賛成・反対
※賛成・反対どちらかを○で囲むこと（どちらを選んでもかまいません）

[資料1] **1918年のスペイン風邪における死者数の推移**

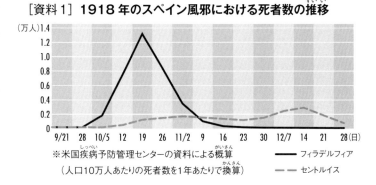

※米国疾病予防管理センターの資料による概算
（人口10万人あたりの死者数を1年あたりで換算）

——— フィラデルフィア
- - - セントルイス

[資料2]

セントルイス 死者が初めて出ると、市長は直ちに学校の休校や劇場・教会などを閉鎖することを決断し、徹底的な集会・行動の制限を行った。

フィラデルフィア 行政が市民生活に介入することを躊躇し、市民の多くが感染してから集会・行動の制限が行われた。

第 3 章

日本の政治と暮らし

日米貿易協定が発効

日本人の人口が1年間で50万人減少

キャッシュレス決済や最先端技術の活用

この記事もチェックしておこう!

改正健康増進法施行／本人確認書類への旧姓記載が可能に／2022年4月から、成年年齢が18歳に／
2024年より新紙幣の使用開始／「大阪都構想」2度目の住民投票へ／
豊臣秀吉が築いた「京都新城」の遺構発掘／
「奄美大島、徳之島、沖縄島北部及び西表島」の世界遺産登録延期／無形文化遺産・世界の記憶

時事カレンダー2020

時期	主な出来事
2019年10月	消費税が10%に
	キャッシュレス決済時のポイント還元事業が開始（2020年6月末まで）
	首里城正殿が火災で焼失
11月	ローマ教皇フランシスコが来日し、長崎・広島を訪問
	東京オリンピック・パラリンピック主会場の新国立競技場が完成
12月	アラビア半島南側の海域に自衛隊を派遣することを閣議決定（2020年1月に派遣命令）
2020年1月	日米貿易協定が発効
2月	天皇陛下、即位後初の「天皇誕生日」（2月23日）
	大型低温重力波望遠鏡「KAGRA」が観測を開始
3月	JR東日本「高輪ゲートウェイ駅」が開業・JR常磐線が全線復旧
	東京国際空港（羽田空港）の国際線の新飛行ルートの使用を開始
4月	東京都内で自転車に乗る人への自転車保険への加入を義務化する条例が施行

時期	主な出来事
2020年4月	改正健康増進法が施行
	未解明の数学の難問「ABC予想」を証明したとする望月新一氏の論文が専門誌に掲載
	東京スカイツリーで一般相対性理論の正しさが確認される
5月	普天間飛行場の辺野古移設をめぐり、防衛省沖縄防衛局は埋め立て海域の軟弱地盤の改良工事の設計変更を県に申請
	豊臣秀吉が築城した「京都新城」の石垣と堀の跡とされるものが発見される
6月	改正労働施策総合推進法（パワハラ防止法）が施行
	世界のスーパーコンピューター計算速度ランキングで日本の「富岳」が1位に
	最高裁で大阪府泉佐野市の新ふるさと納税制度除外の取り消しを認める判決
7月	東京都知事選挙が行われ、小池百合子氏が再選
	将棋の藤井聡太棋士が史上最年少でタイトル（棋聖）を獲得
9月	マイナポイント事業が開始

今後の予定

2020年11月	大阪市で、大阪都構想の是非を問う住民投票が実施予定
2021年1月	改正著作権法が施行
2022年	成年年齢が18歳に引き下げられる
	婚姻年齢を男女とも18歳に統一
2024年	10000円札・5000円札・1000円札が刷新予定
2025年	大阪・関西万博が開催予定

日米貿易協定が発効

（「読売新聞」2019年12月30日付）

CHECK

❶TPP参加国（11か国）の❷GDPの合計は世界の約13%にのぼる。また、11か国の総人口は約5億人にのぼる。TPP発効による食卓への影響がすでに出ている。

自由貿易の意義を知ろう

自国よりも安い工業製品や農産物が外国から輸入されると、自国の生産品が売れなくなるおそれがある。そこで、各国は輸入品目や輸入量に制限を設けたり、自国の工業製品や農産物と同じような価格になるよう、輸入品に関税をかけることで、自国の産業を守ろうとする。こうした政策は、多くの国で採用されているが、そんな中で日本が❸自由貿易を進める理由は、輸入品などの価格が下がるだけではなく、日本でつくられる工業製品の輸出の拡大にもつながり、自動車などの輸出産業の利益が増えると期待されているためである。さらに、日本の農産品の輸出増につながる期待もある。

日米貿易協定で関税が削減・撤廃される主な品目

米国からの輸入	現行（%や価格は関税率や水準）	削減時期
牛肉	38.5%	段階的に下げ、15年目に9%
豚肉	4.3%（高価格帯） 482円/㌕（低価格帯）	9年目に撤廃 9年目に50円/㌕*
キウイ	6.4%	即時撤廃
ワイン	15%または125円/㍑（安い方）	7年目に撤廃
チェダーチーズ	29.8%	15年目に撤廃

米国への輸出		
牛肉	低関税で輸出できる枠を年200㌧から計6万5000㌧（日本を含む複数国）に拡大	
しょうゆ	3%	5年目に撤廃
緑茶	6.4%	3年目に半減

日米貿易協定 家計潤す

牛肉・ワイン 値下げ続々

元日発効

日米貿易協定が来年1月1日に発効する。米国産牛肉の関税引き下げなどで、国内の消費者に恩恵が広がる一方、国内の酪農家が輸入品との厳しい競争にさらされそうだ。結論が先送りになった米国向け自動車などの関税撤廃を巡る協議も課題となる。

（経済部 米山裕之、寺島真弓）

米国産牛肉が並ぶ精肉コーナー（26日、東京都板橋区の「イオンスタイル板橋」で）＝大原一郎撮影

米国産牛肉の関税は、発効と同時に現行の38.5%から26.6%に引き下げられ、輸入価格はその分、安くなる。小売り現場では商機とみて、早くも販売を強化する動きが見られる。

総合スーパー「イオン」は来年1月以降、米国産牛肉を中心にセールを計画する。引き下げ幅は未定だが、担当者は「お買い得だが、担当者は『引き下げ幅は、お買い得イベントを実施してもらうイベント

オルニアワインを中心に、米国産のナッツやピーナツバターなど約70種類を値下げする。その後も米国産商品の価格拡大を検討する。

一方、米産業界では、協定を目指すべきだとの意見が根強い。米議会下院で11月に開かれた公聴会ではCSISのマシュー・グッドマン氏は公聴会で対中国など優先事項があるとし、20年の日米協議は「真剣な交渉にはならないだろう」と指摘した。

車関税 残る課題

日米両政府は、協定発効後も交渉や協議に向け、政府内で交渉や協議に向けて投資などを含む後の交渉対象を協議する方針で合意している。日本は、継続協議となった自動車分野の関税撤廃を求める見通しだが、米国側は安全保障を理由とした最大25%の追加関税をちらつかせている。

米国産牛肉は、来年1月以降、米国産牛肉を中心に、安価な米国産牛肉が増えれば、競合する国産牛肉の価格が下がったり、生産量が減少したりする恐れもある。農林水産省は6日、5円の関税が段階的に下げられ、2035年度には城西牛丼は、1月14~26日まで、カリフォルニアなどで産地として有名な米国産ワインなどを含む米国産の牛肉の価格は、1㌔以上、コスト削減で競争力を強化することが求められる。

酪農家は警戒

一方、安価な米国産牛肉が増えれば、競合する国産牛肉は焼き肉やカレーで食べられ、15%程度には城西牛丼は、1月14~26日、カリフォルニア産地として有名な米国産ワインなどを含む牛肉の生産量が減少したりする恐れもある。農林水産省は6日、5円の関税が段階的に下げられ、少額は2237億～474億円に上ると試算。酪農家は今回の協定で「悪質条項」が含まれなかったことに不満を表明した。米国の自動車と日本のコメなどはセンシティブ（慎重に扱うべき）とされる品目で、互いの譲歩は容易ではない。米戦略国際問題研究所（CSIS）のマシュー・グッドマン氏は公聴会で、日本が関税撤廃を求めるなら、米国は全米自動車労働組合（UAW）の幹部が、今回の協定は「全米自動車労働組合（UAW）の幹部が『包括的な協定を目指す』との意見が多い」と声もある。

TPP1年 牛・豚肉輸入増

米国が離脱し、11か国で構成することになった環太平洋経済連携協定（TPP）は30日、発効から1年を迎える。関税が下がった参加国からの牛肉や豚肉の輸入量が増えるなど、一定の効果が表れている。

財務省の貿易統計によると、4月から26.6%に引き下げられた輸入牛肉の関税は、38.5%だった輸入牛肉の関税は、4月から26.6%に下がった。財務省の貿易統計によると、1～11月の牛肉輸入量は前年同期比3%増の約34

カナダ産2倍に

1万㌧だったが、特にカナダ産（95%増）やニュージーランド（NZ）産（32%増）などの伸びが大きい。小売業界でも、対応する動きが広がった。イオンは

TPP参加国からの輸入が目立つ

カナダ産牛肉 🇨🇦
2.0万㌧ → 3.9万㌧
2018年 → 19年

メキシコ産豚肉 🇲🇽
8.1万㌧ → 9.4万㌧
2018年 → 19年

豪州産ブドウ 🇦🇺
1.0万㌧ → 1.3万㌧
2018年 → 19年

NZ産リンゴ 🇳🇿
3400㌧ → 4600㌧
2018年 → 19年

※貿易統計を基に作成。18、19年とも1～11月の輸入量

2月、豪州産牛肉を値下げ用の肉を100㌘あたり98円から480円（税抜き）にするなど、売れ行きは好調だったという。一方、TPP参加国以外のカナダやメキシコ、豪州からの輸入量が増えた米国産農産品は苦戦を強いられた。日米貿易協定の発効で、米国産にかかる関税は1年遅れでTPP参加国並みに下がることで競争激化が進行している。住友商事グローバルリサーチの浅井貴賞シニアアナリストは「輸入先の多様化と競争激化が進行している」とみている。

（経済部 中島幸平）

テールは18年12月から今年2月、サーロインステーキ用の肉を100㌘あたり98円から480円（税抜き5割減）にするなど、売れ行きは好調だったという。TPP参加国より関税が高くなった米国産農産品は苦戦を強いられた。米国産牛肉の輸入量は、5%減の約26.7万㌧に落ち込んだ。

ンゴも36%増となった。一方、TPP参加国よりも関税が高くなった米国産農産品は苦戦を強いられた。米国産牛肉にかかる関税は8%増えた。関税が段階的に削減されているNZ産りんごも好調で、NZ産（32%増）の伸びが大きい。

重要語句

❶TPP（環太平洋経済連携協定）

モノだけでなく、サービス、投資の自由化を進め、さらには知的財産、電子商取引、国有企業の規律、環境など、幅広い分野におけるルールを構築する協定。アメリカが離脱し、残った11か国が交渉を続け、合意している。

❷GDP（国内総生産）

一定の期間に、国内で生産されたモノやサービスの付加価値の金額の合計。国家の経済力の指標となる。

❸自由貿易

貿易に関して、関税（外国からの輸入品にかけられる税金）の撤廃や引き下げなどを行って自由に取引すること。

❹FTA（自由貿易協定）

特定の国や地域との間で貿易の拡大を目指し、輸出入品の関税の削減・撤廃などを目的とする協定。

❺EPA（経済連携協定）

関税撤廃にとどまらず、投資や知的財産の保護といった経済に関する共通のルールなども定める協定。

❻自家増殖

栽培した植物の種子をとり、それをまたまいて植物を育てること。

日米貿易協定が発効

2020年1月1日、日米貿易協定および日米デジタル貿易協定が発効しました。日本は元来アメリカを含めた12か国での**❶TPP**の発効を目指しましたが、トランプ大統領がTPP離脱を宣言し、各国と個別に貿易協定を結ぶ方針を示していました。そのため、日本はTPPとは別に、アメリカと個別に交渉を重ねました。なお、日米貿易協定は**❷FTA**に分類されます（TPPは大規模な**❸EPA**に分類されます）。

日米貿易協定の内容について、日本が重視している米の輸入や関税撤廃については協定では除外となりましたが、アメリカ産牛肉・豚肉は関税が大きく引き下げられます。なお、日米デジタル貿易協定ではネット通販を利用してアメリカから個人輸入（海外から商品を取り寄せること）をした際にかかる関税が撤廃されました。関税が引き下げられる、もしくは撤廃されることで、海外の食料品や工業製品などを安く手に入れることができます。

日米貿易協定は「令和の不平等条約」？

2019年に日米貿易協定の承認をめぐって国会で審議が行われた際、「この協定は令和の不平等条約ではないか？」とする声があがりました。とくに畜産業の分野において、アメリカは大規模経営で牛肉や豚肉を安く生産できるため、関税引き下げによりアメリカ産牛肉や豚肉の売り上げがさらに伸び、一方で日本の畜産業の経営や、畜産物の食料自給率に影響が出ると考えられます。また、近年日本は様々な国と貿易に関する協定を結んでいます。遺伝子組み換え作物の承認やゲノム編集の製品流通の解禁など、食の安全に関する基準も見直されました。

一方、貿易協定は高品質な日本の農作物を世界に輸出する観点から見ると良い方向に作用すると考えられています。政府は、地域の特産物などの輸出を拡大する仕組みの整備も行うとしています。

こ こ も 勉 強 し よ う ！

「種苗法改正案」の見送り

種と苗の扱いについて定められた種苗法は、新しい品種の開発者の権利を守る法律です。農作物の新しい品種は、国に登録することで国内での保護の対象となります。海外で栽培する場合は国ごとに品種登録を申請します。しかし、過去には申請を行わなかったために、海外で無断で栽培されたり、品種改良が行われて独自の品種として開発が行われたりする事例が見られました。種苗法を改正し、登録品種については許諾なしでの**❹自家増殖**を禁止することで、種や苗の海外への流出を防ごうとしました。

一方、日本の農家はほとんどが小規模経営で、登録品種の自家増殖への許諾をとるための手間暇をかける余裕はありません。そのため、海外の大手農業会社が日本の登録品種の許諾をとることで、海外に日本の種が買われ、日本の農家が海外の会社から種を買わざるを得なくなるのではないかと懸念する声があがりました。農作物のほとんどは改正案でも許諾の対象外である一般品種なので農家への悪影響は見られないとする意見もありましたが、改正案の採決はいったん見送りになりました。

> **登録品種には…**
> 登録品種にはブランド米のゆめぴりか・ななつぼし、ブドウのシャインマスカット、イチゴのあまおうなどがある。一般品種にはブランド米のコシヒカリ、ブドウの巨峰、イチゴのとちおとめなど、登録されていないものの他に、登録期限が過ぎたものがある。

日本人の人口が 1年間で50万人減少

2020年は 5年に1度の国勢調査（センサス）

1920年から始まった国勢調査は、日本に居住するすべての人を対象に、全国一斉の人口に関する調査を行う。国勢調査は総務省が担当する。統計法によって回答が義務づけられており、回答の拒否やその内容の回答には罰則が設けられている。なお、2020年実施の国勢調査では、新型コロナウイルスの影響をふまえ、インターネットによる回答の推奨や、調査結果の公表が遅れることなどが発表された。

CHECK
沖縄県は、全国で最も出生率が高い。

重要語句

❶住民票

市（区）町村が住民基本台帳に基づき作成し、住民に関する記録を行うもの。市役所などで申請して交付される「住民票の写し」は、様々な場面で本人確認書類として用いられる。2019年11月より、申請すれば住民票などに旧姓を併記できるようになった。（→P57）

❷ 第1次ベビーブーム

太平洋戦争の終戦直後に多くの子どもが生まれた時期をあらわす。このころ生まれた人々を「団塊の世代」とよぶ。

❸ 通常国会（常会）

年1回、1月から150日間の会期で開かれる国会。法律の制定のほかに、予算の議決などを行う。

❹公務員

国や地方公共団体の職員として、広く国民に対し平等に働く。なお、天皇・国務大臣・国会議員・裁判官・公務員は日本国憲法を守る義務を負っている。

❺検察

捕まえられた被疑者を、裁判にかけるかどうかを判断する機関。検察官は刑事裁判における原告（訴える側）。

❻ふるさと納税

自分の住む地方自治体ではなく、応援したい自治体（本当の「ふるさと」でなくても構わない）に寄付を行うことで、自分の住む地方自治体へ納めた税金から、寄付した金額の一部を控除できる。たいていは、寄付を受けた地方自治体から返礼品が受け取れる。一方、寄付した分は自分の住む自治体の減収になる。なお、ふるさと納税は菅義偉首相が総務大臣をつとめていたころに主導的な役割を果たしている。

人口減 初の50万人超
1億2427万人 11年連続減少

総務省は5日、住民基本台帳に基づく今年1月1日現在の日本の人口を発表した。日本人は1億2427万1318人となり、前年に比べ50万5046人（0.4％）減少した。人口は2009年をピークに1億2000万人を超えた。1年間で鳥取県の人口（55万61995人）に近い人口が減ったことになる。

11年連続で減少しており、減少幅は1968年の調査開始以降、最大となった。減少幅は初めて50万人を超えた。1998年の「自然増減数」はマイナス51万人で、最大の減少で、12年連続で自然減少数は拡大している。昨年1年間の出生者数は86万6908人。

住民基本台帳は、住民の氏名、生年月日、性別、住所などを記載した住民票をまとめた台帳で、市区町村が管理する。住民票の交付や国民年金の受給資格の確認など住民サービスに利用されている。

から死亡者数を引いた「自然増減数」はマイナス51万906人だった。都道府県別では、人口が増えたのは、東京、神奈川、沖縄の3都県だった。沖縄の3都県が前年の増加から減少に転じた。千葉両県が前年だった埼玉、神奈川、埼玉、千葉の順だった。出生者数が死亡者数を上回る自然増加数は沖縄県のみだった。東京は前年比0.52％増加数、増加率ともにトップの6万8547人増で、増加。

で、死亡者数は137万906人だった。三大都市圏で人口が増えたのは、東京圏（東京、神奈川、埼玉、千葉）のみで、一極集中の傾向が続いている。

日本に住む外国人は286万6715人で、前年比19万95164人（7.48％）増加し、島根県以外の都道府県で増えた。総人口に占める割合は2.25％で、2012年に外国人が住民基本台帳に記載されるようになって以降、最も高くなった。

⬛日本人の人口と増減数

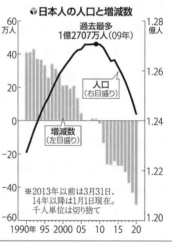

過去最多
1億2707万人（09年）

人口（右目盛り）
増減数（左目盛り）

※2013年以前は3月31日、14年以降は1月1日現在。千人単位は切り捨て

〔読売新聞〕2020年8月6日付

CHECK
東京への一極集中が進む一方、地方では人口減少のため、社会機能の維持が難しくなる過疎化が進み、山間部では65歳以上の高齢者が人口の50％を超え、集落の維持が困難な限界集落が多く見られる。

止まらない日本の人口減少

2020年1月1日現在の人口は、前の年と比べ、50万5046人（0.4%）減少し、1億2427万1318人となりました。これは、わずか1年で鳥取県の人口に匹敵する人数が減少したことになります。在留外国人を含めると、2020年1月1日現在の日本の総人口は1億2713万8033人です。

日本の人口は2000年代をピークに減少しています。その理由に、生まれる子どもの数が少なくなっていることと、高齢者の死亡数が少しずつ増加していることがあげられます。とくに子どもの出生数は2016年から100万人を下回り、今後増加する可能性は小さいと考えられています。一般的に経済が発展すると子ども1人ひとりを大事に育てる家庭が増えるため、子どもが生まれる数は少なくなります。こ

のまま人口が減り続けると、経済規模が縮小し、世界の中の日本の経済力も大きく落ちる恐れがあります。

日本の人口の推移と予測を確認しよう

日本の人口は、終戦直後、❷第1次ベビーブームで多くの子どもが生まれたため、急激に増加し始めました。

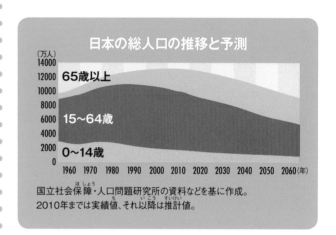

日本の総人口の推移と予測

国立社会保障・人口問題研究所の資料などを基に作成。
2010年までは実績値、それ以降は推計値。

（ ここも勉強しよう！ ）

✏ 公務員の定年延長をめぐって

2019年現在、国民の28.4%が65歳以上の高齢者で、高齢化が進んでいます。この状況をふまえ、2020年の通常国会で、現在60歳の公務員の定年を2022年度から2年ごとに1歳ずつ引き上げ、2030年度に65歳にすることが盛りこまれた国家公務員法改正案が審議しましたが、廃案となりました。

通常国会ではこの法案と一緒に、内閣や法務大臣が必要と判断すれば、❸検察幹部の役職定年である63歳から3年延長することを特例で認めることができる、という特例規定が審議されました。政府が検察をコントロールできるようになるのではないか、とする指摘もあり、世論からも反対の声があがりました。政府は2020年秋に予定されている臨時国会での可決・成立を目指しています。

✏ 泉佐野市がふるさと納税をめぐる訴訟に勝訴

人口を始めとした東京一極集中が進む一方、地方では過疎化が進み、税収も減少しています。そのため、2008年から❺ふるさと納税制度が始まりました。

大阪府泉佐野市がネット通販のギフト券などを返礼品としたことなどが問題視され、2019年に始まったふるさと納税の新制度に違反するとして、総務省から指定されず、ふるさと納税制度の対象から外されました。泉佐野市は国の決定の取り消しを求め、裁判所に訴えました。2020年、最高裁判所は泉佐野市の訴えを認め、国の敗訴が確定しました。

泉佐野市はふるさと納税制度の対象に指定され、今後は返礼品を「泉州タオル」「水なす」などにとどめ、新制度で定められた「返礼品は地場産品かつ、寄付額の3割以下」を順守するとしています。

キャッシュレス決済や最先端技術の活用

CHECK
キャッシュレス決済普及に向けた取り組みを確認しよう。

CHECK
スーパーシティで想定される主な最先端技術を確認しよう。

重要語句

❶消費税
商品の販売やサービスの提供に課税する間接税。1989年に税率3％で導入された。現在は標準税率10％であるが、酒類を除く飲食料品などは生活の負担を減らすため、8％の軽減税率が適用されている。

❷キャッシュレス決済
クレジットカードや電子マネーなど、現金を用いずに支払いを行うこと。

❸人工知能（AI）
コンピューターが大量の情報を処理し、分析や判断といった人間の知的な活動を行うこと。人工知能の能力はどんどん向上し、やがては人間の能力を完全にこえる特異点（シンギュラリティ）の到来を予測する専門家もいる。

❹ビッグデータ
様々な方法で集められた大量の情報。ビッグデータを分析することで、商業や防災など、様々な分野に役立つ。

❺ドローン
小型の無人航空機。近年は日本でも普及しつつある。

❻プライバシー
他者に対してみだりに公開されない、私生活に関することがら。

❼SNS
他者とのつながりを持つことができる、インターネットを利用したサービス。Twitter、Facebookなどがとくに知られている。

キャッシュレス身近に

ポイント還元

食品スーパー決済36％

コロナ「非接触」ニーズ

きょう30日で終了するポイント還元制度は、消費喚起とともにキャッシュレス決済の裾野拡大に一定の効果をあげた。政府が目標とする5年後の決済比率40％の達成には、今後も消費者と小売店双方の利便性やお得感をどう高めるかがカギとなる。

❷食品スーパーを対象にした調査では、今年6月時点のキャッシュレス決済の割合は36・7％と、制度開始前の15・5％から大幅に上昇した。売上高が増加したと答えた割合も33・6％に上った。調査を行った全国スーパーマーケット協会の増井徳太郎副会長は、29日の記者会見で「ポイント還元の効果に加え、新型コロ

ナウイルスの影響で（現金を使わずに）接触がいらないキャッシュレス決済へのニーズが高まった」と分析した。

さらに加盟店がポイント還元の対象となったコンビニエンスストア業界は、増税前の10〜11月でも既存店売上高が1・0〜1・8％増となった。

❶ポイント還元は昨年10月、消費税率の10％への引き上げに伴う消費喚起策として希望する中小店を対象に導入された。政府が原資を負担して購入額の最大5％分を消費者に還元し、クレジットカードや電子マネーなどでの支払いを条件にすることで、キャッシュレス化の推進も同時に目指した。

還元制度に参加した約115万店のうち、初めてキャッシュレス決済を導入した約7割が、対応する決済の種類を増やしたのは7割に上った。

民間消費に占めるキャッシュレス決済の比率は2019年は前年比で2・7ポイント高い26・8％に上昇した。菅官房長官は29日の会見で「事業者の売り上げ確保や顧客獲得、業務効率化につながって一定の成果をあげている」と評価した。

（「読売新聞」2020年6月30日付）

最先端都市 実証実験へ

国家戦略特区

国家戦略特区諮問会議に臨む安倍首相（右は北村地方創生相）（10日午後、首相官邸で）＝源幸正倫撮影

「新日常」対応 首相改革促す

政府は、人工知能（AI）技術やビッグデータを活用した最先端都市「スーパーシティ」構想の実証実験に年内にも着手する。新型コロナウイルス対策を想定した「新しい生活様式」での先端技術を用いたサービスへの関心は高まっており、2022年からの本格実施を目指す。

安倍首相は10日に開かれた国家戦略特区諮問会議で、「新たな日常をつくりあげていくためにも、未来を先取りするような大胆な施策にチャンスに一気に挑戦する思いで『事業者の売り上げ確保や』改革を実現してほしい」と強調した。

スーパーシティは、AIなどを活用した自動走行やドローンによる自動配送、オンライン診療など、複数分野にまたがる規制を一括で緩和し実現する。改正法の国会審議では野党から「生活のすべてがデータ管理される監視社会」などとプライバシーへの懸念が相次いだが、個人情報の取り扱いを巡って懸念や批判が続出していた。

政府は今後、データ保護などに関する政令や省令を定め、選定地域を呼びかける考えだ。

地域を募集

対象地域では、個人や企業が集めた情報を「データ連携基盤」に集約し、個人の判断でビジネスや地域の課題解消につなげる狙いがある。

政府は9月をめどに実証実験を行う地域を募集。年内にまずは5か所程度を選定する予定だ。5月下旬に成立した改正国家戦略特区法に基づき、国の規制緩和や地域の独自ルールを設け、先端技術の社会実装を進める。

「区域会議」などを通じて個人情報の保護徹底などを呼びかける考えだ。

（「読売新聞」2020年6月11日付）

❻プライバシー 懸念も

（国民主権の森裕子氏）などと反対したが、採決では「データ活用で各種サービスや行政手続きの利便性が高まる」として与党などが採決を強行した。

スーパーシティで想定される主な最先端技術

分野		技術
🚗	交通・物流	自動運転、自動輸送、ドローン配達
📚	教育	遠隔教育、人工知能（AI）活用
➕	医療	オンライン診療、AIによる受診勧奨
🛡	防犯・防災	緊急時に備えた蓄電センサーによる監視
💰	金融	キャッシュレス決済

キャッシュレス決済普及に向けた取り組み

キャッシュレス比率		
2018年 24.1%	19年 26.8%	目標（25年）40%

ポイント還元制度（19年10月〜20年6月）	
参加店舗	115万店舗
決済回数	40億回
決済額	8.5兆円
還元額	3530億円

※参加店舗除く4月13日時点

	今後の取り組み
政府	・マイナポイント（25％還元、上限5000円）
民間	・ローソンが独自に2％還元 ・KDDIやイオンなどがマイナポイントにひもづけて追加還元

キャッシュレス決済のポイント還元制度の終了後、独自のポイント制度を導入するローソンのセルフレジ（29日、東京都品川区で）

記事のポイント

日本でも進むキャッシュレス化

●消費税率が10%に上がった2019年10月から2020年6月末まで、②キャッシュレス決済時に金額の2%または5%分のポイントをカードや電子マネーに還元するポイント還元制度が実施されました。この期間内には新型コロナウイルスの影響もあり、現金の直接のやり取りが不要なキャッシュレス決済のニーズ（需要）が高まり、これまでと比べ、キャッシュレス化が大きく進みました。

キャッシュレス決済では、レジで小銭を数える必要がなくなり買い物をスムーズに行えるようになること、何に利用したかの明細が届いてお金の使い道を把握しやすくなったりすることなどが利点としてあげられます。半面、安全面や金銭感覚が身につきにくいことなどが問題点として指摘されています。

最先端技術が町のすがたを変える？

世界のいくつかの国や地域では、③AIや④ビッグデータなどの最先端技術を活用し、社会の在り方を大きく変えようとする動きがみられます。日本でも、トヨタ自動車が静岡県裾野市の工場跡地にAIや自動車の自動運転システムなどの実験を行う実証都市（コネクティッド・シティ）構想を発表し、話題となりました。この実証都市は「Woven city」と名付けられ、2000人程度の居住を想定しています。

2020年5月、最先端技術を活用した「スーパーシティ構想」を実現すべく、改正国家戦略特区法が成立しました。大阪府・大阪市は2025年予定の大阪・関西万博で空飛ぶ車や⑤ドローンの活用などを目指しています。ほかにもいくつかの地方自治体が「スーパーシティ構想」への参加を目指しています。

（ こ こ も 勉 強 し よ う ！ ）

▶ 情報処理能力の向上とAI（人工知能）

2020年、日本において5G（第5世代移動通信システム）の提供が始まりました。これまでよりも多くの情報を短時間で処理でき、AIの能力向上や自動運転技術の実現などが期待されています。

また、同年にはスーパーコンピューター「富岳」が世界一の高性能であることが発表されました。スーパーコンピューターは高い情報処理能力をいかして様々な状況をシミュレーションでき、環境や医療など、人類が直面する様々な問題を解決するための研究に応用できます。

AIの学習方法
①犬の画像 → 犬の特徴は○-×-○だな AIが分析
②猫の画像 → 猫の特徴は○-△-□か
③これは何？ → 特徴が○-×-○だからこれは「犬」だ!!

（読売KODOMO新聞」2018年4月5日付）

▶ 情報社会とプライバシーの権利

「スーパーシティ構想」への反対意見として、住民の同意を得ずに、ビッグデータとして個人情報を得ることができるようになることがあげられます。最先端技術の活用によって暮らしがさらに便利になることは良いことですが、⑥プライバシーの権利の侵害につながりかねません。海外の事業者が参加すると、住民の個人情報が海外に流出する危険性も指摘されています。また、個人情報から、住民1人ひとりの性格や特徴を分析できる可能性についても指摘されています。

しかし、若者を中心に、⑦SNS上に顔写真や本名をアップするなど、「プライバシーの領域」に対する意識には変化がみられます。このような、プライバシーの領域についての議論も求められます。

この記事もチェックしておこう！ 改正健康増進法施行

禁煙化の流れ

　昔の映画やテレビドラマなどの映像を見ると、大人がたばこを吸う場面がたくさん出てきます。

　しかし、1970年代以降、たばこの煙が不快であることや、たばこの先端から発生する副流煙は、たばこを吸っている人の近くにたまたまいた人がこの煙を吸わされる（受動喫煙）ことで、たばこを吸わない人にも健康被害をもたらします。そのため、公共の場における嫌煙権を主張する、禁煙化がさけばれ、徐々に公共の場における喫煙（たばこを吸うこと）が制限されるようになりました。

　2020年に開催を予定していた東京オリンピック・パラリンピックを見据え、改正健康増進法では「望まない受動喫煙」を防ぐ対策が盛りこまれました。2019年7月から学校や病院、行政機関の敷地内では原則禁煙となりました。また、2020年4月からは喫煙室を除いて屋内では原則禁煙となりました。

　2002年、東京都千代田区で路上喫煙とたばこのポイ捨てに過料を科す条例が日本で初めて制定され、施行されました。これ以降、各地方自治体でも同様の条例が制定されました。2003年には世界保健機関（WHO）で「たばこの規制に関する世界保健機関枠組条約」が採択され、世界には日本よりも厳しい対策を行っている国があります。

CHECK
喫煙者を減らすための企業の取り組みを読んでおこう。

（「読売新聞」2020年4月1日付）

屋内原則禁煙 店は複雑

すいません 吸えません

受動喫煙
他人の吸ったたばこの煙を吸いこむこと。「副流煙」にはニコチン・一酸化炭素・PM2.5などの有害物質が多く含まれている。

健康増進法
2003年に施行された法律。食生活・運動・休養・飲酒・喫煙・歯の健康の保持・その他の生活習慣や、健康の増進に努めることが求められている。2018年に一部改正され、2020年4月から屋内は原則禁煙となった。

過料
法律に違反した者から金銭を徴収する罰（行政罰）。刑事罰の科料とは異なり、裁判によって科せられるものではない。

本人確認書類への旧姓記載が可能に

（「読売新聞」2019年12月6日付）

民法
明治時代に定められた、個人の身分や財産について定められた法律。

非正規社員
契約社員、派遣社員、パート、アルバイトなど、正社員以外の形態で働く人々。2019年4月からは、同じ仕事をしていれば正社員と同じ賃金を払うように求めた働き方改革関連法が順次施行されている。

ハラスメント
相手を不快にさせたり、脅威を与えたり、尊厳を傷つけたりすること。職場において優位的な立場にある者が業務の範囲をこえた肉体的・精神的苦痛を与えるパワーハラスメント（パワハラ）など。

日本は夫婦同姓を法律で定める唯一の国

　日本では民法によって夫婦が同じ苗字を名乗る夫婦同姓が定められています。日本では妻が夫の苗字に合わせることが多いため、苗字が変わると、手続きや契約などにおける本人確認や、銀行口座の名義変更を行う必要があり、大きな手間がかかります。また、女性の社会進出が進むなか、旧姓のころに行ってきた仕事が、苗字が変わることで認知されにくくなるという弊害もありました。そのため、2019年11月からは住民票、同年12月からは運転免許証について、申請をすれば旧姓が記載されるようになりました。

　なお、現在法律で夫婦同姓が定められている国は、世界中で日本のみです。

夫婦別姓（夫婦がそれぞれ元の苗字を名乗ること）の国も多く、夫婦同姓を原則とする国でも、婚姻時に同姓か別姓を選べる「選択的夫婦別姓」を導入している国もあります。

（「読売新聞」2019年4月12日付）

住民票に旧姓可能 決定
マイナンバーカードも
11月5日から

　政府は12日午前の閣議で、住民票などに旧姓を併記できるようにする住民基本台帳法施行令の改正を決定した。11月5日以降に交付される住民票から、希望すれば記載が可能になる。結婚後も通称として旧姓を使い続けやすくなるようにする狙いがある。住民

票を請求できる。旧姓が書かれている戸籍謄本などを提出する必要がある。

　希望する人は、同日以降に住んでいる市区町村の窓口で請求できる。

　住民票とマイナンバーカードの両方に、同時に旧姓が記載される。

　住民票には、氏名欄のすぐ下に、旧姓を記載できる「旧氏」欄が新たに加わる。

　マイナンバーカードには、氏名欄の下に、旧姓を記載できる。カードを新たに発行する人の場合は、名字と名前の間に、旧姓を二つに入れて記載する。

　すでにカードを持っている人は、修正欄に旧姓が書かれる。カードを受け取った後は、記載された旧姓を削除することはできない。ただし、削除後には、同じ旧姓や削除以前に称していた旧姓を改めて記載することはできない。

　政府は2016年、女性活躍を推進する観点から、住民票などへの旧姓の併記を可能にすることなどを盛り込んだ「女性活躍加速のための重点方針」を決定した。

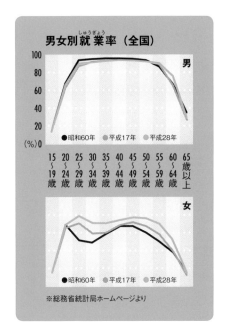

男女別就業率（全国）

●昭和60年　●平成17年　●平成28年（男）

（%）

15～19歳　20～24歳　25～29歳　30～34歳　35～39歳　40～44歳　45～49歳　50～54歳　55～59歳　60～64歳　65歳以上

●昭和60年　●平成17年　●平成28年（女）

※総務省統計局ホームページより

改正労働施策総合推進法（パワハラ防止法）
２０２０年６月より大企業を対象に適用が始まった、企業にパワーハラスメント対策を義務化する法律（中小企業は２０２２年４月より適用）。女性の社会進出が進む中、パワハラだけでなく、妊婦や産後復帰した人に対するマタニティハラスメントなどの防止も強化する。

2022年4月から、成年年齢が18歳に

CHECK
投票率の低下は有権者の全年齢層で問題となっている。投票率向上のため、投票時間の午後8時までの延長、期日前投票などの対策がとられている。

若者への主権者教育が重要に

公職選挙における投票年齢は2016年に20歳以上から18歳以上に引き下げられました。これをきっかけに10代（18歳・19歳）の若者が政治や社会の出来事に関心を高めてくれることが期待されましたが、実際の選挙における10代の投票率は、2016年の参議院議員通常選挙で46.78％と50％を下回り、以降の17年の衆議院議員選挙で40.49％、19年の参議院議員通常選挙で32.28％と、数字は下がる一方です。選挙管理委員会もこの状況を改善するため、主権者教育のさらなる充実に取り組んでいます。選挙の結果はわたしたちの今後の生活に大きな影響を与えます。先人の努力を無にしないために若者はもちろん、それ以外の有権者も進んで投票所に行き、自分の意見を示すことは民主主義にとって重要なことなのです。

選挙管理委員会
中央選挙管理会と都道府県・市区町村の選挙管理委員会がある。主な仕事は選挙事務の管理。

SNS（ソーシャル・ネットワーキング・サービス）
他者とのつながりを持つことができる、インターネットを利用したサービス。Twitter、Facebookなどがとくに知られている。

投票率向上へ制度改正

期日前投票／ネット選挙解禁

公選法は1950年に制定された。その後の国政選挙の投票率（選挙区）をみると、衆院は保守系の自民党と革新系の社会党が対立する「55年体制」で初めて行われた58年の76・99％が最高だった。参院の過去最高は初めて衆院と同日で行われた1980年の74・54％で、最低の14年52・66％に次いで低かった。前回2019年は48・80％で、過去最低の1995年44・52％に次いで低い。

投票率は90年代に入って低迷が目立ち始めた。回復、向上のために様々な制度改正が行われてきた。

■投票しやすい環境

その一つが期日前投票制度の創設だ。選挙期日（投票日）前に投票できる制度としては不在者投票がある。この手続きを大幅に簡素化した04年参院選で導入された期日前投票制度は、回数を重ねるごとに利用する有権者が増えている。

19年統一地方選の前半戦となる道府県議選の期日前投票者数は717万人だったが、前回19年参院選では1706万人に増えた。投票率は04年の56・57％が19年には48・80％に低下している。期日前投票は、候補者、政党は、SNSなどで支持を呼びかけることができるようになった。また、地方議会の議員選挙（町村議は除く）に関しても

こうした見直しを機に、選挙公選法を改正している。

19年統一地方選では、選挙運動用のビラを配れるよう、公選法を改正している。

■政策知る機会

13年参院選からインターネットを利用した選挙運動が解禁された。いずれも効果は限定的で、投票率は低迷したままに。

身近な選挙運動期間は通常、市区町村議選で5日間、19年統一地方選で行われた東京都の23区議選をみると、世田谷区の20区50に対して75人が立候補し、杉並、渋谷、港、大田でも立候補者が定数より20人以上多かった。有権者は7日の選挙運動期間で、各候補の政策を見極めた上で、各候補を選ぶことが出来るのだろうか。

（今月の担当・渡辺嘉久）

▶投票を促すための主な制度改正

施行	概要
2003年12月	期日前投票制度創設
13年5月	インターネット選挙運動解禁
16年6月	選挙権年齢を「18歳以上」に引き下げ
	共通投票所制度創設
	期日前投票の投票時間弾力化
19年3月	地方議会議員選挙での選挙運動用ビラ解禁

▶各種選挙の選挙運動期間

衆院	12日	都道府県議、政令市議	9日
参院	17日	市区長・市区議	7日
都道府県知事	17日	町村長・町村議	5日
政令市長	14日		

（「読売新聞」2020年3月14日付）

成人式には何歳で行けばいい？

成年年齢の引き下げにより、一部の自治体では成人式を「二十歳の集い」などへ名称変更することを検討している。

▶18歳と20歳の成人式の利点と課題

	利点	課題
18歳	・成人の自覚を促せる	・受験や就職のシーズンと重なる
	・成人式での飲酒騒ぎなどの防止につながる	・高校の制服参加者が増え、和装離れの懸念がある
20歳	・故郷を離れた人が帰省する機会になる	・実際の成人年齢とずれる

（「読売新聞」2020年1月11日付）

成人年齢の引き下げで変わること、変わらないこと

成年年齢の引き下げにともなう具体的な事例や課題を確認しよう。

▶成人年齢の引き下げで変わること、変わらないこと

20歳→18歳へ引き下げ	16歳→18歳へ引き上げ
ローン契約 親の同意なしに、18歳でもローンやクレジットカードの契約が可能	**女性の婚姻年齢** 男性と同じ「18歳以上」に統一
パスポート 「5年有効」のパスポートだけでなく、「10年有効」も取得できる	**「20歳から」を維持**
性別変更の申し立て 性同一性障害の人は、18歳でも家庭裁判所に性別変更を申し立てられる	**飲酒、喫煙** 健康への影響を考慮し、20歳未満は禁止
	競馬や競輪などのギャンブル 「非行につながりかねない」として、20歳未満は禁止

（「読売新聞」2018年6月14日付）

2024年より
新紙幣の使用開始

CHECK

紙幣のデザインは、偽造防止の観点などから、20年ほどをめどに変更されてきた。

CHECK

「お札の顔」となった人物の功績をおさえよう。紙幣のデザインは裏面も確認しよう。

主な国の通貨

アメリカ	ドル
EU諸国	ユーロ
中国	人民元
韓国	ウォン

財務省
国の財政に関する権限を担う中央省庁。長らく大蔵省という名称だったが、2001年の中央省庁再編の際に財務省となった。

日本銀行
明治時代に設立された、国内のお金の流れを管理する日本の中央銀行。その役割は民間銀行とは大きく異なる。
●発券銀行…紙幣を発行する。
（貨幣は造幣局が発行）
●銀行の銀行…民間銀行に対し、お金を預かったり、融資（お金を貸すこと）を行ったりする。
●政府の銀行…税金や国債（国の借金）の管理を行う。

岩倉使節団
江戸時代末期に結ばれた不平等条約の改正交渉のため、1871年から1873年にかけて欧米へ派遣された。なお、条約の改正交渉は失敗に終わっている。

❖発表された新紙幣のイメージ

渋沢栄一（1840～1931年）　埼玉県深谷市出身。近代日本経済の礎を築いた大実業家。「日本の資本主義の父」と言われる。1873年、日本初の銀行を開業。

東京駅・丸の内駅舎

津田梅子（1864～1929年）　東京都出身。近代的な女子高等教育の先駆者。1871年、6歳で「岩倉使節団」の一員として渡米し、初の女子留学生となった。

フジ

北里柴三郎（1853～1931年）　熊本県小国町出身。「近代医学の父」と呼ばれる細菌学者。破傷風の血清療法を確立し、ペスト菌を発見したことでも知られる。

富嶽三十六景「神奈川沖浪裏」

新紙幣 24年度に

10000円　渋沢栄一
5000円　津田梅子
1000円　北里柴三郎

政府は9日、1万円、5千円、千円の3種類の紙幣（日本銀行券）を2024年度上期（4～9月）をめどに一新すると発表した。

新1万円札の肖像画は、「日本資本主義の父」と言われた、学者の北里柴三郎を選んだ。紙幣の刷新は04年以来で、世界初となる偽造防止技術を採用する。麻生財務相は9日の記者会見で、渋沢栄一らを選んだ理由について「明治以降の文化人から選定するという前2回（の刷新時）の考え方を踏襲した」と説明した。

1万円札の肖像画が変わるのは、1984年に聖徳太子から福沢諭吉に変更されて以来、40年ぶりとなる。新1万円札が東京駅の丸の内駅舎、5千円札がフジの花、千円札が葛飾北斎の浮世絵「富嶽三十六景」にある「神奈川沖浪裏」を選んだ。最も大きな額面表記の部分は、現在の漢数字から洋数字に変更。2千円札は流通量が少なく、変更しない。

偽造防止対策として、肖像の3D（3次元）画像が回転しているように見える「ホログラム」の最先端技術を使う。

新しい500円硬貨案

500円硬貨も2021年度をめどに刷新する。これまでのニッケル黄銅に加え、白銅と銅も使って2色3層の構造とする。

20年ごとに切り替えられる主な紙幣はこれまで、約20年前に発行の約2年前に発表されたが、今回は約5年前とした。新紙幣の製造期間に約2年半、自動販売機の改修などにかかる民間企業の準備に約2年半と見込んだためだ。

財務省は「現行の日本銀行券が使えなくなる」など とだます詐欺行為への注意を呼びかけている。

△ニュースQ＋2面　▽記事3・9・37面　関連

（「読売新聞」2019年4月10日付）

2024年に新紙幣が発行

2019年4月、財務省によって2024年から発行される新紙幣のデザインが発表された。紙幣のデザインは財務省・日本銀行・国立印刷局が話し合って決めている。日本で初めて紙幣に描かれた人物は、神功皇后（古代の神話に登場する皇族の女性）。1882年に日本銀行が設立されてから53種類の紙幣が発行され、このうち22種類が現在でも利用できる。1984年以降、紙幣には明治時代以降の文化人の肖像が使われている。なお、現在使用されている紙幣は、2024年以降も引き続き使用することができる。

この記事も
チェックして
おこう！

「大阪都構想」2度目の住民投票へ

「大阪都構想」の賛否を問う

2020年9月、大阪市選挙管理委員会は、「大阪都構想」の賛否を問う住民投票を11月1日に行うことを決定しました。この住民投票における有権者は、満18歳以上の大阪市民となります。有効投票の過半数が賛成の場合、2025年1月1日、大阪市は廃止され、4つの特別区が設置されることとなります。なお、「大阪府」を「大阪都」に名称変更をする場合は別途、大阪府民の有権者を対象とした住民投票や法改正が必要となります。

地域政党大阪維新の会によると、政令指定都市の大阪市にかわり、特別区を設置すると、府と市の二重行政による非効率な税金の使い方をやめることで、大阪をはじめとした関西圏の成長につながるとしています。

特別区

市とほぼ同格の地方公共団体。特別区は法制度上の都と役割を分担して連携し合う（特別区は上下水道や消防などを単独で行うことができない）。大都市地域特別区設置法によると、隣接する地方公共団体を含めた合計の人口が200万人以上の地域が、住民投票などの手続きを経ることで特別区を設置することができる。

政令指定都市

人口50万人以上の市で、内閣による政令によって指定された都市。都道府県なみの権限が与えられる。全国に20市ある（2020年現在）。

（「読売新聞」2020年9月7日付）

都構想

住民投票11月1日決定

投票用紙「大阪市廃止」明記

大阪市選挙管理委員会は7日、市を廃止して4特別区を新設する「大阪都構想」の賛否を問う住民投票を「10月12日告示、11月1日投開票」とすることを決定した。新型コロナウイルスの感染状況や衆院選の実施時期によって、日程が変更される可能性も残っている。

選択
ふたたび

住民投票は2015年5月に続いて2度目で、18歳以上の大阪市民約224万人が対象となる。

市選管は、住民投票の投票用紙に、「大阪市を廃止し特別区を設置する」という文言を明記することも決めた。前回の投票時には「特別区の設置」の賛否を問う記載はあったが、「大阪市を廃止」の文言はなかった。同月に大学教授らが明記を求める陳情書を市議会に提出。同月に賛成多数で採択されていた。

🔲 住民投票の投票用紙のイメージ

```
記入欄                        （注意）
                            一 大阪市を廃止し特別区を設置する
┌────────┐                     ことについての投票。
│「賛成」か「反対」│  →           賛成の人は賛成と書き、反対の人は反対と書くこと。
│ 〇 か × は無効の可能性│         二 他のことは書かないこと。
└────────┘
令和２年執行
```

賛否の記入方式は両面に。投票者が「賛成」か「反対」を書く自書式となった。「〇」や「×」を書いた場合は無効となる可能性が高い。

松井一郎市長は、仮に衆院選が10月に実施された

混雑防止へ 投票所増設も

新型コロナの影響下で行われる住民投票に向け、市選管は感染防止対策の検討を本格化させる。

2015年5月の前回住民投票では大阪市の存廃というテーマに市民の関心が高まり、投票率は近年の市長選や市議選を大幅に上回る66.83％に上った。しかし今回は、新型コロナの感染を心配して投票しない有権者が外出を控え、投票率が低下することが懸念されている。

市選管は、7月の東京都知事選で取られた対策などを参考に、▽投票用紙の記載台の間隔を空ける受付に飛まつ防止シートを設置、▽有権者による記入台の消毒などを検討。これらを盛り込んだ防止策の持ち込みを8月27日、市選管は市内24区に増設の検討を求める通知を出し、9月10日までに回答するよう求めている。市選管の担当者は「対策を万全にし、市民が投票しやすい環境を整えたい」と話している。

新型コロナの影響を前倒しして同日実施としたい方針。また、新型コロナの感染が急拡大した場合は、日程の前倒しも可能。経費面など投票率にかかわらず、2025年1月1日に市は廃止され、特別区に移行すれば同日の方がベターだ」と述べた。

市選管の大丸昭典委員長は7日、記者団に「投票の賛否が反対を1票でも上回れば、2025年1月1日に市は廃止され、特別区に再編される内容。賛成同数か反対多数の場合、制度案は廃案となる。

都構想の制度案は、人口約270万人の大阪市を解体し、約60万～75万人の「淀川」「北」「中央」「天王寺」の4特別区に再編する内容。住民投票の結果には法的拘束力があり、賛成が反対を1票でも上回れば、2025年1月1日に市は廃止され、特別区に移行する。賛否同数か反対多数の場合、制度案は廃案となる。

CHECK
投票所におけるコロナ対策について確認しよう。

CHECK
大阪都市法による住民投票には法的拘束力がある。

吉村洋文大阪府知事（右）と松井一郎大阪市長（2020年4月14日、大阪府庁で＝藤本将揮撮影）

豊臣秀吉が築いた「京都新城」の遺構発掘

京都御所の南東に構えられた城郭風の邸宅

　2020年5月、京都市の京都仙洞御所で、豊臣秀吉が1597年に築いたとされる「京都新城（建設当時は太閤御所などとよばれていた）」の本丸を囲う石垣や金箔瓦が発掘されたことが発表されました。「京都新城」は京都御所の南東に建てられました。当初は豊臣秀頼のために建てられましたが、秀吉の死後は妻である高台院（寧々）の屋敷となり、豊臣家滅亡後は京都仙洞御所の造営のため、取り壊されました。

　なお、「京都新城」があった場所は、かつて藤原道長の主要な邸宅である土御門殿があったところといわれています。

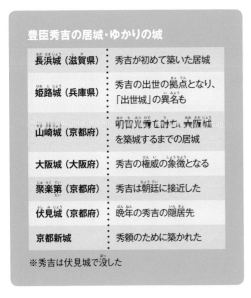

秀吉 最後の城

京都仙洞御所に遺構 桐紋金箔瓦や石垣

（「読売新聞」2020年5月13日付）

豊臣秀吉の居城・ゆかりの城

長浜城（滋賀県）	秀吉が初めて築いた居城
姫路城（兵庫県）	秀吉の出世の拠点となり、「出世城」の異名も
山崎城（京都府）	明智光秀を討ち、大阪城を築城するまでの居城
大阪城（大阪府）	秀吉の権威の象徴となる
聚楽第（京都府）	秀吉は朝廷に接近した
伏見城（京都府）	晩年の秀吉の隠居先
京都新城	秀頼のために築かれた

※秀吉は伏見城で没した

豊臣秀吉（1537～98年）
尾張国（愛知県）出身。1590年に天下統一を成し遂げた。

高台院（寧々）
秀吉の正室。秀吉の生前は「北政所」とも。名前は「ねね」「おね」など諸説ある。豊臣秀頼の母である淀殿（茶々）とは異なる人物。

仙洞御所
上皇（退位した天皇の称号）・法皇（出家した上皇の称号）の邸宅。京都新城が見つかった京都仙洞御所は後水尾上皇（天皇在位：1611～29年）のために造営された櫻町殿を指す。

藤原道長
摂政として、摂関政治の絶頂期を築いた人物。娘を次々と天皇家に嫁がせて権力を極めた喜びを詠んだ「望月の歌」は有名。この人物を「御堂関白」とよぶのは本来まちがいで、関白には任じられていない。また、この人物の娘・中宮彰子に女房として仕えたのが紫式部である。

この記事も
チェックして
おこう！

「奄美大島、徳之島、沖縄島北部及び西表島」の世界遺産登録延期

日本で5件目の世界自然遺産を目指して

新型コロナウイルスの影響で、2020年に中国で開催を予定していたユネスコの世界遺産委員会が延期されました。そのため、鹿児島県・沖縄県の「奄美大島、徳之島、沖縄島北部及び西表島」の世界自然遺産への登録は、延期されました。

「奄美大島、徳之島、沖縄島北部及び西表島」は、2018年にイコモスより、観光や外来種の管理策の不十分さを理由に、世界遺産への登録延期を勧告されました。世界遺産に登録されることで人々の注目を浴び、保護の機運が高まったり、興味をもつ人が増えたりするというメリットがあります。一方で、周辺地域の開発が抑制されたり、多くの観光客が訪れることによって構造物や自然などが荒らされたりするなど、観光客のマナー違反が増えてしまうというデメリットもあります。

エコツーリズム
地域ぐるみで自然環境や歴史・文化などのその地域の魅力を観光客に伝えることで、その価値や大切さが理解され、保全につながっていくことを目指す仕組み。2007年に成立したエコツーリズム推進法では、環境省がその主体となり、エコツーリズムの推進を図る。

世界遺産が多い国
（2019年現在）

	国	件数
1位	イタリア	ともに55件
	中国	
3位	スペイン	48件
4位	ドイツ	46件
5位	フランス	45件

※日本…12位（23件）

CHECK
4つの島の位置と、主な生き物を確認しよう。

🐾4島と主な生き物

徳之島
トクノシマトゲネズミ
絶滅危惧IB類

鹿児島市

沖縄島北部
ヤンバルクイナ
絶滅危惧IA類

那覇市◎

（写真は環境省提供）

西表島
イリオモテヤマネコ
絶滅危惧IA類

台湾

奄美大島
アマミノクロウサギ
絶滅危惧IB類

（「読売新聞」2020年5月18日付）

ユネスコ（UNESCO）
国連教育科学文化機関の略称。国際連合の専門機関。世界遺産の登録・保護なども行っている。本部はフランスのパリ。

イコモス（ICOMOS）
国際記念物遺跡会議の略称。ユネスコの諮問機関。世界遺産候補について審査し、登録の可否を世界遺産委員会に勧告する。

無形文化遺産・世界の記憶

民族共生象徴空間「ウポポイ」

　2020年7月、北海道白老町に、アイヌの暮らしや文化を学ぶことができる民族共生象徴空間「ウポポイ」が開園しました。「ウポポイ」では無形文化遺産に登録されている「アイヌ古式舞踊」が上演されています。

　明治時代に北海道旧土人保護法が制定され、アイヌには農地が与えられましたが、それは彼らの生活様式を否定するものでした。１９９７年にはアイヌ文化振興法が制定されましたが、アイヌに対する全国民的な理解にはほど遠い状況だったため、2019年にアイヌの人々の文化を守り、生活を向上させることを柱としたアイヌ新法が成立し、アイヌを初めて「先住民族」と明記し、アイヌ文化を生かした地域振興策には交付金支給が行われることとなりました。

無形文化遺産
世界遺産が建築物や自然などの「モノ」を対象としているのに対し、伝統芸能や祭礼など人々の営みを対象として、ユネスコ（P62参照）が登録するもの。

世界の記憶（世界記憶遺産）
人類が長い間記憶して後世に伝える価値があるとされる書物や楽譜などの記録物を、ユネスコが登録している。フランスの「人権宣言」やオランダの「アンネの日記」などが登録されている。

ウポポイ
「ウポポイ」はアイヌ語で、おおぜいで歌うことを意味する。

（「読売中高生新聞」2018年11月23日付）

CHECK
「伝統建築工匠の技」は、2020年11月ごろの登録を目指している。近年は「山・鉾・屋台行事」「来訪神」など、グループごとの登録を目指すケースが増えている。

日本の無形文化遺産一覧（2019年現在）

能楽	アイヌ古式舞踊
人形浄瑠璃文楽	組踊
歌舞伎	結城紬
雅楽	壬生の花田植
小千谷縮・越後上布	佐陀神能
奥能登のあえのこと	那智の田楽
早池峰神楽	和食
秋保の田植踊	和紙
チャッキラコ	山・鉾・屋台行事
大日堂舞楽	来訪神
題目立	

日本の「世界の記憶」一覧

登録年	名称
2011年	山本作兵衛コレクション（筑豊炭田）
2013年	慶長遣欧使節関係資料（支倉常長など） 御堂関白記（藤原道長）
2015年	舞鶴への生還1945〜56シベリア抑留等 日本人の本国への引き揚げの記録 東寺百合文書
2017年	朝鮮通信使に関する記録（日韓共同） 上野三碑

三権分立・人権尊重の歴史

権力が特定の機関に集中したり、乱用されたりすることを防ぐため、
それぞれの機関（国会・内閣・裁判所）が互いにチェックし合う体制を三権分立といいます。
権力が特定の機関に集中することを防ぐことで、国民の権利や自由が守られています。

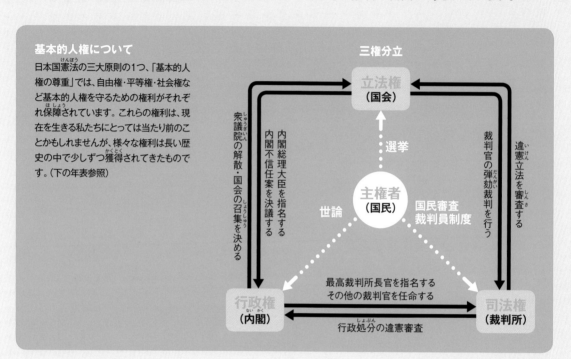

基本的人権について

日本国憲法の三大原則の1つ、「基本的人権の尊重」では、自由権・平等権・社会権など基本的人権を守るための権利がそれぞれ保障されています。これらの権利は、現在を生きる私たちにとっては当たり前のことかもしれませんが、様々な権利は長い歴史の中で少しずつ獲得されてきたものです。（下の年表参照）

三権分立

立法権（国会）

行政権（内閣）

司法権（裁判所）

主権者（国民）

衆議院の解散・国会の召集を決める

内閣総理大臣を指名する
内閣不信任案を決議する

選挙

世論

国民審査
裁判員制度

裁判官の弾劾裁判を行う

違憲立法を審査する

最高裁判所長官を指名する
その他の裁判官を任命する

行政処分の違憲審査

人権尊重の歴史

1215年：マグナ・カルタの発布（イギリス）
～貴族が国王に、権利の制限を認めさせた。

1689年：権利章典の発布（イギリス）
～議会により、王権の制限などを定めた。

1776年：アメリカ独立宣言
～基本的人権や人民主権の政府などの保障。

1789年：フランス人権宣言
～自由権・平等権、国民主権など、様々な権利を保障した。

1863年：奴隷解放宣言（アメリカ）
～南北戦争の際に行われたリンカーン大統領の演説によるもの。

1889年：大日本帝国憲法の発布
～東アジア初の憲法。主権者は天皇で、国民は「臣民」とされた。
基本的人権は法律の範囲内で認められたが、
治安維持法（1925年）など、制限が加えられた事例もみられた。

1919年：ワイマール憲法の公布（ドイツ）
～第1次世界大戦の敗戦国ドイツでは、初めて社会権が認められた。

1945年：国際連合の設立
～のちに、「世界人権宣言」「人種差別撤廃条約」
「子どもの権利条約」などをつくった。

CHECK
力で国民を支配する統治は、あらゆる時代、あらゆる国々で争いをもたらした。

CHECK
2018年12月に、「世界人権宣言」の採択から70周年を迎えた。

一 問 一 答 に チ ャ レ ン ジ

1 日米貿易協定は「自由貿易協定」に分類されます。「自由貿易協定」の略称をアルファベット大文字3字で答えなさい。

2 「環太平洋パートナーシップに関する包括的及び先進的な協定」の略称を答えなさい。

3 一定の期間において、国内で生産された付加価値の金額の総合計を、アルファベット3字で何といいますか。

4 「日本に居住する全ての世帯・人」を対象に5年に1度行われる国勢調査（センサス）を担当する省庁はどこですか。

5 自分の住む地方自治体ではなく、応援したい自治体に寄付を行うことで、自分の住む地方自治体へ納めた税金から、寄付した金額の一部を控除できる制度を何といいますか。

6 2019年10月から、消費税（標準税率）は何％になりましたか。

7 近年、日本でも普及が進みつつある電子マネーやクレジットカードなどの現金以外でお金を支払うことを何といいますか。

8 人工知能の略称をアルファベット2字で答えなさい。

9 「スーパーシティ構想」などで活用が期待されている、様々な方法で集めた大量の情報を何といいますか。

10 たばこの先端から出る副流煙を、たばこを吸わない人が吸ってしまうことを何といいますか。

11 民法改正によって、2022年から成年年齢は何歳になりますか。

12 成年年齢引き下げ後も、引き続き20歳まで認められないものとしてまちがっているものを次から選び、記号で答えなさい。
　ア たばこを吸う　**イ** クレジットカードをつくる　**ウ** お酒を飲む

13 2024年より新たに1万円札の肖像に採用される、日本資本主義の父とよばれる人物はだれですか。

14 2025年に大阪府で開催が予定されている国際イベントは何ですか。

15 2020年7月に北海道白老町で開館した民族共生象徴空間「ウポポイ」。「ウポポイ」は何という民族の言葉ですか。

2021年 入試予想問題

1　次の［Ⅰ］［Ⅱ］の文章を読んで、あとの問いに答えなさい。

［Ⅰ］

　　2020年7月5日、①東京都知事選挙が行われ、現職の小池百合子氏が再選しました。今回の選挙では、新型コロナウイルスの感染拡大の影響もあり、②東京都における感染防止への対策や経済支援などが争点となりました。

　　また、2020年11月1日には、大阪都構想に関する住民投票が行われます。大阪都構想は、大阪府と大阪市が連携することにより、二重行政を解消することが争点とされています。大阪都構想を推進する大阪維新の会によると、二重行政が解消することにより、③税金をより効率よく使うことができると言われています。

問1　下線部①について、都道府県知事の任期と被選挙権の組み合わせとして正しいものを右の［表］中から選び、記号で答えなさい。

［表］

	任期	被選挙権
ア	6年	満30歳以上
イ	6年	満25歳以上
ウ	4年	満30歳以上
エ	4年	満25歳以上

問2　下線部②について、東京都を含む地方公共団体に関して、次の問いに答えなさい。

(1)　地方公共団体の仕事として誤っているものを次から選び、記号で答えなさい。

　　　ア．保健所の設置　　　イ．国道の管理　　　ウ．条約の締結　　　エ．条例の制定

(2)　地方公共団体の住民が地方公共団体の行政に直接参加できる権利を何といいますか。

(3)　地方公共団体の歳入のうち、地方税収入の不均衡を正すために、国が使い道を指定せずに、地方公共団体に交付する資金を何といいますか。

問3　下線部③について、次の問いに答えなさい。

(1)　税金は、主に直接税、間接税に分類することができます。このうち、直接税として誤っているものを次から選び、記号で答えなさい。

　　　ア．都道府県民税　　　イ．固定資産税　　　ウ．自動車税　　　エ．消費税

(2)　所得税、相続税などに適用され、納税者の所得や財産が大きいほど税率が高くなる課税方法を何といいますか。

［Ⅱ］

　けんた「お父さん、①民法が改正されて、（　あ　）年の4月から②成年年齢が引き下げられるそうだね。」

　父　　「明治29年（1896年）以来の民法の改正だから、およそ120年ぶりだね。しかし、最近は、③憲法改正の是非を問う国民（　い　）の選挙権年齢や④公職選挙法の選挙権年齢なども引き下げられたからね。」

　けんた「成年に達するとどんなことが可能になるのかな。」

　父　　「親の同意がなくても⑤携帯電話の契約ができるようになるよ。⑥そのほかにもいろいろ変更されているね。」

　けんた「たばこは吸えるの？」

　父　　「たばこが買える年齢は今まで通りだよ。受動喫煙対策として、今年から（　⑦　）が義務化になったんだ。」

問1 文章中の（　あ　）（　い　）にあてはまる語句・数字を答えなさい。

問2 下線部①について、次の問いに答えなさい。

(1) 民法を管轄する官庁の名前を答えなさい。

(2) 下線部①について、民法の改正は国会で決議されました。日本の国会に関する説明として誤っているものを次から選び、記号で答えなさい。

ア．天皇の国事行為は国会の助言と承認が必要である。

イ．予算は必ず衆議院から審議することになっている。

ウ．衆議院の定数は４６５人、参議院の定数は２４８人である。（2020年9月現在）

エ．衆議院の任期は４年で、解散がある。

問3 下線部②について、成年年齢は現行の２０歳から何歳に引き下げられますか。

問4 下線部③について、憲法改正の手続きを規定した日本国憲法の条文として正しいものを次から選び、記号で答えなさい。

ア．第7条　　　イ．第9条　　　ウ．第25条　　　エ．第96条

問5 下線部④について、選挙を管掌しているのは総務省です。総務省に属する役所として正しいものを次から選び、記号で答えなさい。

ア．消防庁　　　イ．警察庁　　　ウ．文化庁　　　エ．観光庁

問6 下線部⑤について、次のグラフは「携帯電話とPHS」、「IP電話」、「固定電話（IP電話の多くを含む）」のいずれかの電話契約数を示したものです。このうち、「携帯電話とPHS」の契約数を示したものをグラフから選び、記号で答えなさい。

[グラフ]

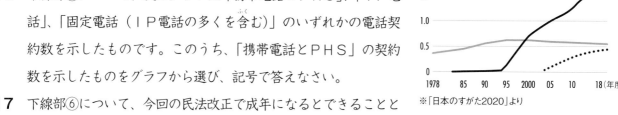

※「日本のすがた2020」より

問7 下線部⑥について、今回の民法改正で成年になるとできることとして誤っているものを次から選び、記号で答えなさい。

ア．女性の結婚年齢が現行の満１６歳から引き上げられる。

イ．公認会計士や医師免許などの国家資格が取得できるようになる。

ウ．飲酒や競馬の投票券購入などが可能になる。

エ．１０年有効のパスポートがつくれるようになる。

問8 （　⑦　）にあてはまる語を漢字2字で答えなさい。

2　次の［Ⅰ］・［Ⅱ］の文章を読んで　あとの問いに答えなさい。

[Ⅰ]
　日本の労働環境、労働制度には様々な課題が山積しています。例えば、長時間労働が常態化していたり、育児・介護と仕事を両立させることが難しかったりすることなどがあります。また、近年増加している派遣社員やパートといった【　あ　】雇用の労働者に対して、正社員と同じ仕事をしているならば同じ賃金を支払い、社会保険にも加入させるべきだという意見があります。一方で、少子高齢化にともなう労働力の減少に備えた対策が求められています。

問1　【　あ　】にあてはまる言葉を漢字3字で答えなさい。

問2　下線部について、右の［グラフ］は2020年度の国の一般会計

[グラフ]

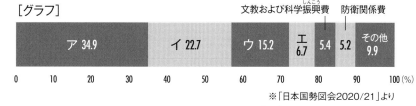

文教および科学振興費　　防衛関係費

| ア 34.9 | イ 22.7 | ウ 15.2 | エ 6.7 | 5.4 | 5.2 | その他 9.9 |

※「日本国勢図会2020/21」より

歳出（予算案）の主要経費別割合を示しています。社会保険にあてられる社会保障関係費を示すものを［グラフ］中のア～エから選び、記号で答えなさい。

[Ⅱ]　日本企業の工業製品は海外の人々からの信頼も厚く、世界各地に日本企業の製品があふれています。しかし一方、近年は韓国や中国をはじめ、アジア各国の工業化が進み、なかには日本の製品に引けを取らない品質のものも見られるようになりました。一方、日本国内では①産業の空洞化が進み、日本の大手メーカーが海外企業の傘下に入る事例もみられ、海外との関係の一体化が進む経済の（　②　）化が加速しています。このような状況のなか、日本がこれからも世界の工業をリードするためには、③ＴＰＰ１１や日米貿易協定をはじめとした新たな貿易のルールの活用や、情報社会を推進する新たな産業への支援が求められます。

問1　下線部①について、産業の空洞化とはどのようなことか、説明しなさい。

問2　（　②　）にあてはまる語句をカタカナで答えなさい。

問3　下線部③について、次の問いに答えなさい。

（1）　ＴＰＰ１１や日米貿易協定では、加盟国間の貿易にかかる税の引き下げや廃止をします。この税を何といいますか。

（2）　日本のＴＰＰ１１や日米貿易協定の発効による影響について、考えられることをもとに説明しなさい。

3　現代の日本は情報社会といわれています。これについて、あとの問いに答えなさい。

問1　登録された利用者同士が交流を深めるためのインターネット上のサービスを何といいますか。アルファベット３文字で答えなさい。

問2　大陸や島々をつなぐ海底ケーブルに使われている通信用の線を何といいますか。

問3　右の［グラフ］はそれぞれの通信手段（ラジオ、雑誌、インターネット、テレビ、新聞）の広告費の動きです。インターネットを示しているものを［グラフ］中から選び、記号で答えなさい。

[グラフ]

※「日本のすがた2020」より

問4　情報社会の中でインターネットはとても重要なツールですが、いろいろな問題も引き起こしています。次の文章の（　Ａ　）～（　Ｃ　）にあてはまる言葉を答えなさい。

情報社会において、わたしたちは多くの情報の中から正しくて必要な情報を自分で選んで活用する（　Ａ　）が大切です。また、情報を発信する場合には（　Ｂ　）の流出に注意しなくてはなりません。そして、他の人がつくったものを無断で使用する（　Ｃ　）の侵害にも気をつける必要があります。

1 解答欄

[Ⅰ]

問1		問2	(1)		(2)		(3)	

問3	(1)		(2)	

[Ⅱ]

問1	あ		い		問2	(1)		(2)	

問3	歳	問4		問5		問6		問7		問8	

2 解答欄

[Ⅰ]

問1				問2	

[Ⅱ]

問1		問2	

問3	(1)		(2)	

3 解答欄

問1			問2		問3	

問4	A		B		C	

適性検査・表現型問題

1 次の先生とまおさんの会話文を読み、あとの課題に取り組みなさい。

先生　　　成人は社会の一員として扱われます。そのため、「自立している」「大人としての判断力が備わっている」とみなされます。例えば、お金の貸し借りやものの売買といった（　A　）を自ら行うことができます。

まおさん　わたしは両親から、お金の貸し借りはしてはいけないと教えられています。それでも成人であれば、お金を貸し借りしても良いのですか？

先生　　　お金の貸し借りそのものが悪いことではありませんし、成人ならば「自立している」とみなされるため、自分の意志で判断することができます。ただし、（　　　　　　　　　　B　　　　　　　　　　）。

まおさん　大人は大変ですね。わたしも立派なC社会の一員になれるよう日々の勉強に励みたいと思います。

課題1　会話文中の（　A　）にあてはまる語句を書きなさい。

課題2　会話文中の（　　　　B　　　　）にあてはまる「先生」のセリフを考え、書きなさい。

課題3　会話文中の下線部Cについて、社会の一員として果たすべきことの１つとして、選挙における投票があげられます。これについて、参議院議員選挙の年代別投票率の移り変わりについてあらわした右の［グラフ］を見て、気づいたことを書きなさい。

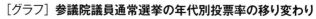
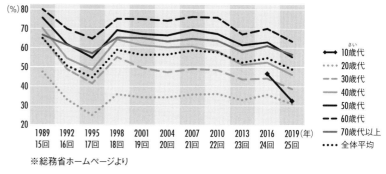

［グラフ］参議院議員通常選挙の年代別投票率の移り変わり

※総務省ホームページより

課題1		課題2	
課題3			

2 少子高齢化について調べているゆうきくんは、次の［資料］を見つけました。

これを見て、国の歳出にはどのような変化があったか考え、気づいたことを書きなさい。

［資料］1970年と2017年の年齢階級別人口構成

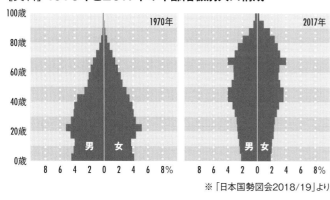

※「日本国勢図会2018/19」より

課題

第4章

海外の出来事

イギリスがEU離脱・移行期間へ

「黒人の命は大切だ」広がる人種差別への抗議活動

強大化する中国

トランプ大統領が2度目の大統領選挙へ

国連持続可能な開発目標（SDGs）の取り組み

この記事もチェックしておこう！

朝鮮半島情勢／台湾の民主化に尽力した李登輝氏が死去

時事カレンダー2020

時期	主な出来事
2020年 1月	アメリカがイランの司令官を殺害
	アメリカの科学技術雑誌が発表する終末時計の残り時間が初めて「100秒前」に
	イギリスがEU（欧州連合）を脱退
2月	アメリカとアフガニスタンの反政府武装勢力タリバンが和平合意
5月	警察官による黒人男性殺害事件をきっかけに、アメリカ各地で人種差別に対する抗議デモが発生
6月	北朝鮮が南北共同連絡事務所を爆破
7月	香港で国家安全維持法が施行。その後、民主化運動の支持者らが続々逮捕される
	アメリカで香港自治法案が可決
	中国初の火星探査機「天問1号」が打ち上げ
	台湾の民主化に貢献した李登輝氏が逝去
8月	レバノンの首都ベイルートで倉庫に保管されていた硝酸アンモニウムが大爆発（レバノンは2019年12月に日本から逃亡したカルロス・ゴーン被告の滞在先）
	イスラエルとアラブ首長国連邦が国交正常化
9月	イスラエルとバーレーンが国交正常化

今後の予定

2020年 11月	アメリカ大統領選挙

イギリスが EU離脱・移行期間へ

イギリス国旗
（ユニオンジャック）

EU（欧州連合）旗

CHECK
イギリスはEUに加盟していたころ
にも統一通貨ユーロを使用せず、
自国通貨のポンドを維持するなど、
EUの中で独自の立場をとっていた。

難航したEU離脱交渉
2016年に行われた国民投票の結
果を受け、イギリスは2017年3月、
EUに対して2年後の離脱を通告し
ました。ところが、離脱後の国民へ
の不利益を避けたいイギリスとEU
の離脱交渉は難航し、さらにイギリ
ス国内では国民投票のやり直しを
求める声があがるなど、国内の世
論も分断されました。

2016年のイギリス国民投票

EU残留	EU離脱
1614万1241票	1741万742票
48.1%	51.9%

英首相「国を前進」

移行期間に 貿易交渉 焦点

31日、ロンドンの議会前広場で、英国のEU離脱を祝う人々（ロイター）

ジョンソン
英首相
（ロイター）

【ロンドン＝広瀬誠】英国は1月31日午後11時（ブリュッセル時間2月1日午前0時、日本時間1日午前8時）、欧州連合（EU）から離脱した。加盟国の拡大と統合の深化を進めてきたEUは、発足以来初めて縮小した。離脱による混乱を避けるため、英国は12月末まではEUの法律などに従う移行期間に入る。この間に、EUとの新たな関係構築に向けた交渉を進める。

ジョンソン首相は離脱の約1時間前、国民向けのビデオメッセージを公開した。「私の仕事はこの国をまとめ、前進させることだ」と述べ、離脱派と残留派の間の分断の修復に取り組む考えを強調した。「取り戻した主権を国民が支持する変革の実現に使う」とも述べ、離脱を経済の活性化や国際社会での影響力拡大につなげる考えを強調した。

ロンドンの議会前広場などでは31日夜、離脱を祝う集会が開かれた。残留派もEUの旗を掲げるなどして抗議集会を開いた。

英国は1973年、EUの前身である欧州共同体（EC）に加盟した。自国通貨ポンドを維持するなど、欧州統合とは距離を置き続け、EU域内からの移民流入などで国民に不満が高まったことから、2016年に離脱の是非を問う国民投票を実施した。この結果、僅差で離脱が決まった

欧州連合（EU）欧州共同体（EC）を基礎とし、1993年のマーストリヒト条約の発効に伴い発足した。人、モノ、資本、サービスが自由に移動できる単一市場であり、域内では関税なしで貿易ができる関税同盟を形成する。加盟国は英国の離脱で27か国となった。このうち19か国で欧州単一通貨ユーロが導入されている。

EU離脱

ジョンソン英首相
ビデオメッセージのポイント
▽全ての人の思いを理解している。私の仕事はこの国をまとめ、前進させることだ
〈離脱によって〉偉大なドラマの幕が上がる。取り戻した主権を変革の実現に使う
▽EUにはたたえるべき点もあるが、この国の全ての可能性を解き放ち、連合王国の人々の生活をより良くする

●英国と欧州連合（EU）の今後の日程

1月31日 午後11時 [英国時間]	英国がEUを離脱。完全離脱に向けた移行期間に
2月以降	英EU間の自由貿易協定（FTA）など、将来の関係を交渉
6月末	移行期間の延長についての判断期限

延長なし ／ 延長あり

| 12月末 | 移行期間が終了 |

最長2022年末まで

FTAなどで合意の場合 → 英国は円滑に、完全に離脱

合意できない場合 → 離脱にともなって経済活動などに混乱

英国とEUのFTA交渉がまとまらず、移行期間の終了後に英国が完全に離脱すれば、経済に混乱が起きる可能性が指摘されている。移行期間は最長で22年末まで延長できるが、その可否は今年6月末までに判断する必要がある。ジョンソン氏は延長を否定する考えを示している。

中、英EUは人の移動や就労の自由を保障し、関税のない自由貿易協定（FTA）も並行して貿易交渉を進めたい考えだ。英国は米国や日本などとも、将来の関係を規定するための交渉を行うとみられる。移行期間がまとまらず、移行期間の終了後に英国が完全に離脱すれば…

移行期間は当初の19年3月29日から3度延長された。12月末までの移行期間中、EUは人の移動や就労の自由を保障し、関税も導入しない。市民生活や企業活動には大きな変化は起こらない。

（「読売新聞」2020年2月1日付）

重要語句

❶FTA（自由貿易協定）
特定の国や地域の間で関税など貿易の妨げとなる障壁を削減・撤廃して自由貿易を行い、利益を得ることを目的とする協定。

❷ジョンソン首相
2019年7月に就任したイギリスの首相。EU離脱強硬派で知られ、2020年1月31日に離脱を実現した。2020年3月には新型コロナウイルスに感染し、一時期入院。

❸ブレグジット
イギリスのEU離脱に関する一連の動きのこと。イギリス（Britain）と離脱（Exit）を組み合わせた造語。

記事のポイント

イギリスのEU離脱の理由を知ろう

イギリスがEU離脱を決意した背景には、国家の枠組みをこえたEU独自のルールに従えなくなったことがあげられます。

EU加盟国間では、人・モノ・資本・サービスの移動が自由になり、人々の往来や経済活動が便利になります。しかしその半面、国境の安全を守ることが困難になるほか、経済的に困窮している旧東欧から出稼ぎを目的にやってくる移住者や移民の受け入れ先となる可能性があります。経済が安定しており、英語圏であることから移住先として人気があるイギリスは、失業率が上昇するなど多くの課題に悩まされていました。また、EUの組織運営に必要な予算の負担が加盟国間で格差があることなども問題視されていまし

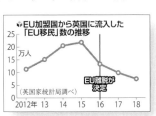
▼EU加盟国から英国に流入した「EU移民」数の推移
（英国家統計局調べ）
EU離脱が決定
（「読売新聞」2020年2月1日付）

た。

自国のことは自国で決めたいという声が高まり、今回の離脱につながったと考えられています。

離脱にともなう課題

イギリスとＥＵの関係が突然変わると、世界中で様々な問題が生じます。そのため、2020年12月末までは、離脱による混乱を避けるための移行期間として、EUとの交渉が続きます。しかし、交渉は難航しています。

EUや各国の課題
●イギリスに拠点を置く各国企業の体制見直し
●難民の流入や大国が抜けることによる経済不安

イギリスの課題
●離脱派と残留派の対立
●関税復活による経済の停滞
●世界の金融センターとしての地位低下

（ こ こ も 勉 強 し よ う ！ ）

✏ 欧州統合の目的を知ろう

ヨーロッパは様々な民族が建国した国々が陸続きに隣接する地域ということもあり、資源や領土の奪い合い、民族間の対立などを背景に何度も戦争が起きました。二度の世界大戦でヨーロッパ全体が疲弊すると、平和な社会を望む声が高まり、1952年、戦争の火種となってきた石炭などの管理を共同で行う欧州石炭鉄鋼共同体（ECSC）が設立されました。その後も様々な共同体が設立され、戦争の回避と大国である米ソに対抗できるように1967年にはそれらを統合した欧州共同体（EC）が設立されました。これがEUの前身となる組織です。1993年には現在の欧州連合（EU）が誕生しました。

✏ グローバル化と自国優先主義

ソビエト連邦の崩壊（1991年）以降、情報社会の到来もあり、人・モノ・資本の国境をこえた自由な移動が活発化し、経済活動のグローバル化が進みました。しかし、グローバル企業は豊富な資金力を背景に、低賃金で多くの労働者を働かせました。また、国境をこえた活動のもと、世界各地で採用された優秀な人材が活躍する一方、先進国のなかでも貧富の差が拡大しました。

トランプ米大統領のように世界各国との協調よりも自国の利益をまず優先すべきとの考え方（自国優先主義）を唱える意見が2010年代後半から世界で目立つようになりました。

「黒人の命は大切だ」
広がる人種差別への抗議活動

1963年8月28日、ワシントンのリンカーン記念堂で聴衆に手を振る❶キング牧師（AP）

5日、黄色い文字で「黒人の命は大切だ」と描かれた米ワシントンの通り（ロイター）

米「黒人の命は大切だ」広場

ワシントン 市長が改称 抗議後押し

【ワシントン＝海谷道隆】米国の首都ワシントンのムリエル・バウザー市長は5日、中西部ミネソタ州で黒人男性が白人警官に首を押さえつけられて死亡した事件を受け、ホワイトハウス近くの通りの一部を「黒人の命は大切だ」広場に改称したと発表した。抗議活動への連帯と敬意を示す取り組みだ。

「黒人の命は大切だ」の言葉は、警察官による不当な暴力行為などの黒人差別解消を求めるスローガンとして、米国内で定着している。今回の抗議活動でも連呼されている。改称された通りには、「黒人の命は大切だ」の文字が大きく描かれ、標識も設置された。

この通りは、デモに絡む騒乱で一部が焼かれたセント・ジョンズ教会に接する。トランプ大統領が1日にこの教会を訪問する直前、治安当局が抗議デモに催涙ガスを用いて批判を浴びた経緯がある。このため、バウザー氏は声明で「全ての平和的な抗議活動への参加者を歓迎する」と表明した。

民主党のバウザー氏が、通りの改称にトランプ氏への抗議の意思を込めたと受け止められている。

ワシントンでは6日、これまでで最大規模の抗議デモが計画されている。バウザー氏は声明で「全ての平和的な抗議活動への参加者を歓迎する」と表明した。

（「読売新聞」2020年6月7日付）

CHECK

2014年にオハイオで警官に射殺された少年、タミル・ライス君の名前の入ったマスクを着用し、全米オープンテニス決勝のコートに入る大坂なおみ選手（USAトゥデー）

重要語句

❶マーチン・ルーサー・キング（キング牧師）
アメリカの公民権運動を指導した黒人牧師。非暴力による抗議活動を訴えた。公民権法が成立した1964年にノーベル平和賞を受賞した。

❷エイブラハム・リンカーン
第16代アメリカ大統領。南北戦争（1861〜65年）のころ、「奴隷解放宣言」を発表した。

❸バラク・オバマ
アメリカの前大統領。「核なき世界」演説を行い、2009年にノーベル平和賞を受賞。2016年、現職大統領として初めて被爆地・広島を訪問した。

❹外国人技能実習制度
外国人の実習生が、日本での実際の労働を通じて習得した技能や知識などを生かして、母国の発展に貢献できる、人材の育成に協力することを目的につくられた制度。

ジョージ・フロイドさん殺害事件と抗議活動

2020年5月、アメリカ・ミネソタ州ミネアポリスで起きた、白人警官が、偽札を使った疑いのある黒人男性ジョージ・フロイドさんを取り押さえたところ、ひざで首を9分間圧迫し、フロイドさんの「息ができない」という訴えも無視し、窒息死させました。歩行者がこの様子を撮影し、その映像をネット上にアップしたところ、瞬く間に拡散し、各地で怒りの声が沸き上がりました。

ミネアポリスで起こったデモ活動はニューヨークやロサンゼルスなどアメリカ各地に飛び火し、抗議活動に参加した一部の人々は暴徒化し、破壊や略奪行為におよびました。トランプ大統領はこのようなデモ参加者を「テロリスト」「悪党」などとよび、デモ鎮圧のために、必要であれば軍隊を投入すると公言したことから、デモ活動の広がりに拍車をかけてしまいました。

ブラック・ライブズ・マター（黒人の命は大切だ）

現在、アメリカでは人種差別は法律によって禁止されていますが、フロイドさんのように、アメリカでは黒人の人々が生活のなかで不当な扱いを受ける事態がしばしば起こっていました。

今回のデモ活動は「ブラック・ライブズ・マター（黒人の命は大切だ）」をスローガンに、日本を含むアメリカ国外でも行われました。黒人だけでなく、アジア系や、ヒスパニック系、白人など、様々なルーツを持つ人々がともに声をあげました。

なお、フロイドさんの弟・テレンスさんは、デモの激化による暴動に対して「そんなもので兄は戻ってこない」と、平和的なデモをよびかけました。

（ こ こ も 勉 強 し よ う ！ ）

アメリカ黒人の人種差別解消へ向けた歴史

アメリカに住む黒人の人々の祖先のなかには、奴隷としてアフリカ大陸から連れてこられた人々がいます。南北戦争のころ、❷リンカーン大統領によって奴隷解放宣言が発表されましたが、黒人など有色人種の参政権を制限する法律が制定されたり、レストランやバスでは人種によって席を分けたりするなど、差別は続きました。

1955年、黒人女性がバスで白人に席を譲らなかったことを理由に逮捕された事件をきっかけに、❶キング牧師らによる反人種差別運動が活発化しました。1964年には人種差別を禁止する公民権法が成立し、法的に人種差別は禁止されました。その後、2009年には黒人系の❸オバマ大統領が誕生するなど、黒人の社会参画は進みました。

増加する日本の在留外国人

2010年代の日本では、外国人観光客だけでなく、留学生や❹技能実習生などを含む在留外国人も増加しました。

国籍別在留外国人数の割合（2019年末）

合計293.3万人　フィリピン 9.6%　ブラジル 7.2%　ネパール 3.3%

| 中国 27.7% | 韓国 15.2% | ベトナム 14.0% | | その他 23.0% |

0　10　20　30　40　50　60　70　80　90　100%

※「日本国勢図会2020／21」より法務省「2019年末現在における在留外国人数について」（2020年3月公表）により作成。観光目的で短期間滞在する外国人、外交官や日米地位協定等に該当する軍人、軍属とその家族などは対象とならない。2012年末のデータより中国には台湾を含まない

特定産業分野
※特定技能外国人を受け入れる分野
①介護業　②ビルクリーニング業
③素形材産業　④産業機械製造業
⑤電気・電子情報関連産業　⑥建設業
⑦造船・舶用工業　⑧自動車整備業
⑨航空業　⑩宿泊業　⑪農業
⑫漁業　⑬飲食料品製造業　⑭外食業

強大化する中国

C H E C K
一国二制度について確認しよう。

C H E C K
新型コロナウイルスが世界で初めて発生した武漢は、日中戦争のころ一時期、中華民国の暫定首都となった。

（読売新聞）2020年7月1日付

香港国家安全法 施行
中国、統制を大幅強化

【香港＝東慶一郎】中国国営新華社通信によると、中国の全国人民代表大会〈全人代＝国会〉常務委員会は30日、香港での反体制活動などを取り締まる国家安全維持法案を全会一致で可決した。香港政府は30日午後11時（日本時間7月1日午前0時）に法律が施行されたと発表した。

▲ 30日、香港で、国家安全維持法に反対するデモ参加を呼びかける民主活動家ら＝角谷志保美撮影

「一国二制度」骨抜き

国家安全維持法のポイント
▽「国家の分裂」「中央政府の転覆」「テロ活動」「外国勢力などと結託して国家の安全を脅かす」の4種の行為を禁止。最高刑は終身刑
▽中国の治安当局の出先機関「国家安全維持公署」を香港に設置し、一部関連する案件を直接「管轄権」行使
▽香港政府トップの行政長官が指名

国家安全維持法は香港に適用するため、香港の憲法に相当する基本法の付属文書に盛り込まれた。中国政府は施行と同時に法律の全文を初めて公表した。中国政府の権限が大幅に強化され、香港政府の頭越しの法執行が可能となった。1997年7月1日の

香港返還にあたり、国際公約として香港に「高度な自治」を認めた「一国二制度」が有名無実化するとして、国際社会から批判が高まることは必至だ。

法案可決後、中国共産党序列3位の栗戦書全人代常務委員長は、「国家の安全と社会の安定、法の秩序

を扱う裁判官の指名に香港政府トップの行政長官が権限を持つことも定める。

国家安全維持法は6章66条で構成される。国家の分裂、中央政府の転覆、テロ活動、外国勢力などと結託した国家の安全を脅かす行為を禁じ、刑罰の対象とする。いずれの罪でも、最高刑は終身刑となっている。

中国政府は、昨年6月以降、香港で大規模化した抗議活動を受けて国家安全維持法の整備に動いた。5月下旬の全人代で導入方針を承認して以降、全人代常務委を2度開催し、わずか1か月で審議を終えた異例のスピード可決となった。

香港の若手民主派団体「香港衆志（デモシスト）」は30日、メンバー脱退が相次いだことを理由に解散を発表した。民主派の間では、対中批判が摘発の対象となり得るとの懸念から活動自粛の傾向が強まっている。

の際には、中国の最高人民検察院（最高検）と最高人民法院（最高裁）がそれぞれ指定した検察機関と裁判所が、捜査と裁判で権限を持つ。国家安全に関わる事案を扱う裁判官の指名に香港

は香港発展の前提となる」と述べ、香港への統制を強化する姿勢を強調した。中国本土から独立していた香港の司法が、中国政府に統制されるとの懸念が出ている。政府トップの行政長官が権限を持つことも定める。

香港の「一国二制度」をめぐる経緯

1984年12月	中英共同宣言。返還後の香港では、中国本土と異なる社会・経済制度を認め、50年間は変えないと明記
97年7月	香港返還
2003年7月	国家安全法制定に反対する大規模デモ。香港政府は9月に法案撤回
14年9〜12月	香港行政長官選挙の民主化を求め、若者らが道路を占拠（雨傘運動）
19年6月	逃亡犯条例の改正案に反対する大規模デモ。香港政府は10月に改正案撤回
11月	米国で「香港人権・民主主義法」成立
20年5月	中国の全国人民代表大会（全人代）が香港への国家安全法制度の導入方針を採択
6月	全人代常務委員会が、実施法となる国家安全維持法を全会一致で可決し、同法が成立

📖 **一国二制度** 1997年に英国から中国に返還されるにあたり、香港では中国本土と同じ社会主義制度ではなく、従来の資本主義制度や生活方式が維持された。香港の憲法にあたる「基本法」では、独自の行政、立法、司法権などの「高度な自治」や言論の自由が認められており、返還後50年間は「不変」と明記されている。

C H E C K
香港が有する司法権に中国政府が介入することも、「高度な自治」への侵害にあたり、「一国二制度」の崩壊につながる。

中国行政区分地図

カザフスタン
モンゴル
新疆ウイグル自治区
チベット自治区
インド
北京（ペキン）
上海（シャンハイ）
深圳（シンセン）
台湾（タイワン）
香港（ホンコン）
マカオ

重要語句

① 中継貿易
輸入した品物を国内で消費せず、そのままの形で他国へ輸出する貿易のあり方。

② 社会主義
道具などの生産手段を持つ資本家が、労働者を雇って利益を上げるために経済活動を行う資本主義経済のもとでは、少数の資本家はもうかるが、多数の労働者が貧しくなり、格差が広がるという考え方をもとに、個人の財産（私有財産）を否定し、生産手段などの国有化を行って平等な社会を目指そうとするのが社会主義。現在の中国は「社会主義市場経済」と称し、経済面では資本主義を取り入れつつも、一党独裁や言論統制などが続く。

③ 加工貿易
原材料や部品を輸入し、それを製品にして輸出する貿易のスタイル。

④ 中国共産党
中国を治めている政党。現在の共産党の代表は習近平国家主席。（シー ジンピン）

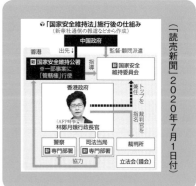

「国家安全維持法」施行後の仕組み
（新華社通信の報道などから作成）

中国政府
香港　出先　監督・顧問派遣
新 国家安全維持公署　指示　新 国家安全維持委員会
※一部事案に「管轄権」行使
香港政府
（AFP時事）林鄭月娥行政長官
警察　司法当局　裁判所
新 専門部署　専門部署　立法会（議会）
協力

（読売新聞）2020年7月1日付

記事のポイント

香港の発展

アヘン戦争（1840〜42年）後、香港はイギリスの植民地になりました。天然の良港であった香港は、イギリス統治のもと、ヨーロッパとアジアの❶中継貿易地点として発達しました。第2次世界大戦後の1949年、❷社会主義体制の中華人民共和国が成立すると、中国本土から多くの移民が押し寄せ、工業や❸加工貿易が発展しました。また、欧米諸国と同様に民主主義が発達し、経済的に豊かで、政治的にも自由な地域として発展しました。

香港は1997年に中国に返還されましたが、中国本土とは異なる政治・経済体制を、返還後50年間は変えないことが英中間で約束され、香港には「高度な自治」が認められました（一国二制度）。しかし、外交や防衛に関する権利を持たない香港に対する中国本土の影響力は少しずつ増していきました。

香港の「高度な自治」の崩壊

2020年6月30日、中国で国家安全維持法が施行されました（現地日時）。この法により、香港内で大規模抗議デモ活動などの反政府運動が起こった場合、中国政府が取りしまりに介入できるようになりました。また、中国政府や❹中国共産党の意に反する言動や活動を行う人は取りしまりを受けるようになりました。これは「一国二制度」の実質的な崩壊を意味し、香港の「高度な自治」を損なうものとして、香港内だけでなく、諸外国からも批判の声があがっています。一方、現在では香港における中国本土の企業の影響力も大きくなっています。中国本土に逆らう活動を支持しない香港市民も一定数存在し、世論の分断が懸念されています。

こ こ も 勉 強 し よ う ！

✏ 米中貿易摩擦

アメリカ合衆国のドナルド・トランプ大統領が、アメリカの貿易赤字（輸入額が輸出額を上回る状態）の原因の1つは、中国から安い製品がたくさん入ってきているからだと言及しました。貿易赤字を改善するために、トランプ大統領は中国から輸入している製品の多くに高い関税をかけました。これに対抗して中国の習近平国家主席は、中国がアメリカから輸入している製品に高い関税をかけることにしました。この両国間の関税のかけ合いにより、産業界や経済界に様々な影響が広がっています。例えば、中国の通信機器大手「華為技術」の製品にはアメリカの部品や技術が使われているのですが、アメリカは今後、ファーウェイに対して部品や技術を提供しない方針を打ち出したことがあげられます。

✏ 中国国内のゆがみ

中国は経済の改革・解放政策を進めてきた一方、政治においては中国共産党による一党独裁を続けています。中国には漢民族のほか、様々な民族が暮らしています。仏教がさかんなチベット自治区やイスラム教徒が多い新疆ウイグル自治区など、中国からの独立を求める運動が行われている地域もありますが、これらの運動は厳しく取りしまられています。

✏ 中国の情報社会

中国都市部では日本以上にキャッシュレス化が進み、日常生活での支払いや手続きの多くをスマートフォンで行っています。一方、一部のSNSへのアクセスを遮断したり、特定の言葉を検索できないようにするなど、インターネットの検閲が行われています。

トランプ大統領が
2度目の大統領選挙へ

CHECK
民主党の副大統領候補 カマラ・ハリス氏

アメリカ大統領選挙では、党の予備選に立候補して、そこで指名された人が「大統領候補」として大統領選をたたかいます。その候補者が副大統領候補を指名します。2020年8月、バイデン氏（民主党）は副大統領候補に黒人女性のカマラ・ハリス上院議員を指名しました。ハリス氏は現在78歳のバイデン氏よりも20歳以上若く、バイデン氏のサポートに民主党支持者を中心に期待が寄せられています。バイデン氏が当選した場合、ハリス氏はアメリカ初の女性副大統領・黒人副大統領になります。

重要語句

❶ドナルド・トランプ

第45代アメリカ大統領。多くの会社を経営する実業家として知られ、トランプタワーなどの建築物を所有する「不動産王」としても知られる。国政・地方政治を含め、大統領になるまで政治経験がなかった。

❷ジョー・バイデン

民主党の大統領候補者で、前副大統領（当時の大統領はバラク・オバマ氏）。

❸世界終末時計

アメリカの科学誌「原子力科学者会報」の表紙に登場する。1947年に初めて公表された。冷戦期にもっとも針が進んだのは米ソが水爆実験に成功した1953年（2分前）。1989年からは気候変動など、核兵器以外の脅威も針の位置（残り時間）を決める際の要素となった。

❹中距離核戦力全廃条約
（INF全廃条約）

1987年に米ソの間で調印された、射程500kmから5500kmのミサイル（核弾頭を含む）の廃棄を求める条約。ソ連崩壊後はアメリカ・ロシアの間で結ばれていたが、2019年2月にアメリカがロシアへ条約の破棄を通告し、2019年8月に失効した。

❺米中貿易摩擦

P77参照

❻5G

P55参照

24日、米共和党大会で登壇したトランプ大統領（左）とペンス副大統領＝AP

（「読売新聞」2020年8月26日付）

❶トランプ氏 初日から演説

米大統領選
共和党大会で指名

【ワシントン＝海谷道隆】米国のドナルド・トランプ大統領《74》が24日、ノースカロライナ州シャーロットで開幕した共和党大会で、党の大統領候補に正式指名された。トランプ氏は会場で約1時間演説し、対中外交や経済運営の手腕をアピールした。

トランプ氏は演説で「我々・バイデン前副大統領《77》が先行しており、トランプ氏は巻き返しに躍起だ。経済や外交などでの成果を列挙した上で「勝たなければならない。歴史上最も重要な選挙だ」と訴え、支持層に奮起を促した。

大統領候補が党大会でまとまった見解を表明する機会は、慣例では最終日の指名受諾演説に限られる。初日に演説するのは異例で、事前に公表されていなかった。シャーロットの会場にも姿を見せたのも予告なしだった。オンライン中心だった民主党大会との違いを鮮明にする狙いとみられる。27日の指名受諾演説は予定通り行われる見通しだ。

ドナルド・トランプ氏
Donald Trump 1946年6月14日、ニューヨーク市生まれ。ペンシルベニア大ウォートン校卒。ホテルやカジノなどを経営する不動産王として名を成し、テレビ番組の司会者としても人気を得た。大統領就任前の公職経験はない。

マイク・ペンス氏
Mike Pence 1959年6月7日、インディアナ州生まれ。インディアナ大法科大学院修了。弁護士などを経て2000年に下院議員に初当選した。下院議員を6期12年務めた後、13年にインディアナ州知事に転じ、17年1月から副大統領。

トランプ政権は、かつて誰も行わなかった形で中国に対して立ち上がった」と述べ、貿易や安全保障に関する対中強硬姿勢を自賛した。「米国は中国に乗っ取られる」とも主張した。

支持率では民主党のジョー・バイデン前副大統領が政権が誕生すれば「米国全体の1割強の300人ほどが会場に招かれ、候補者への投票数を読み上げる「点呼投票が実施された。トランプ氏が全2550票を獲得した。マイク・ペンス副大統領《61》も副大統領候補に正式指名された。

24日は各州・地域の代議員全体の1割強の300人

CHECK
アメリカは共和党と民主党の2大政党制。

12日、米デラウェア州で演説に臨むバイデン氏（左）とハリス氏（AP）

（「読売新聞」2020年8月13日付）

❷ハリス氏、対決姿勢前面

米大統領選
バイデン氏と初演説

【ワシントン＝横堀裕也】11月の米大統領選で民主党の大統領候補に選ばれたバイデン前副大統領《77》とともに、演説に臨んだ。ハリス氏は演説でトランプ氏の新型コロナウイルス対策を厳しく批判し、対決姿勢を前面に打ち出した。

ハリス氏は「我々はトランプ政権の失敗を受け入れられない」と述べ、2人はトランプ政権に代わる「より良い未来を選択する機会が訪れた」と強調し、支持を呼びかけた。

バイデン氏とハリス氏の副大統領候補に選ばれたのは初めて。12日にデラウェア州で行われた演説は、バイデン氏の地元ウィルミントンで行われ、ハリス氏がバイデン氏の副大統領候補として演説するのは初めてだ。

バイデン氏とハリス氏は12日の記者会見でトランプ氏の演説内容について聞かれると、「黒人の子どもとしても育つことで向かわせればならないと語っている。タフに富み、気品高く、タフな姿勢を必要な大統領に」と語り、政権交代の必要性を訴えた。

ハリス氏に先立って演説したバイデン氏は、ハリス氏が米国の主要政党で黒人女性初の副大統領候補となるのは「歴史的」と語り、大会で正式に指名されると強調した。

「アメリカ第一主義」4年間の審判が下る

　4年に1度のアメリカ大統領選挙の本選は、2020年11月に行われます。2大政党制のアメリカでは、❶ドナルド・トランプ大統領（共和党）、❷ジョー・バイデン氏（民主党）との事実上の一騎打ちになりました。

　2016年の大統領選挙に勝利し、2017年1月に就任したトランプ大統領は、「アメリカ第一主義」を掲げ、2010年代に台頭した自国優先主義の象徴的な存在となりました。就任後、TPPやパリ協定からの離脱を宣言したり、移民や中東・アフリカの特定の国からの米国への入国制限を行ったり、核開発をめぐってイランとの対立を深めたりしました。また、北朝鮮との初の米朝首脳会談を実現し、イスラエルとアラブ首長国連邦、バーレーンとの国交正常化を仲介しました。新型コロナウイルス対応では、アメリカ国内の蔓延に苦慮し、自身も罹患しました

が、一方でWHOや中国の対応を批判し続けています。

米中対立の激化

　トランプ大統領は、アメリカの企業が持つ知的財産権を中国が侵害しているとして、一部の中国製品に対し、高い関税を課し米中貿易摩擦がおこりました。なかでも、中国の通信機器大手のファーウェイの製品を利用すると利用者の個人情報が中国に読み取られる可能性があると主張し、5Gからファーウェイ製品の排除を行いました。

　2020年に入ると、新型コロナウイルスの対応に加え、中国が香港に対して国家安全維持法を制定・適用すると、アメリカは香港に対する優遇措置の撤回や、経済制裁の実施を決定しました。また、アメリカはヒューストンにある中国領事館の閉鎖を命じ、中国も報復措置をとるなど、米中対立は激化の様相を呈しています。

（　こ　こ　も　勉　強　し　よ　う　！　）

世界終末時計が初の「100秒前」へ

　核戦争などによる人類絶滅の瞬間を午前0時とし、その絶滅（終末）までの残り時間を象徴的に表す❸世界終末時計は、冷戦下の世界で注目を集めました。1947年の初公表以来、これまで最も針が戻ったのは、ソ連が崩壊した1991年でした。近年は北朝鮮による核実験や気候変動などを踏まえ、針は徐々に進んでいき、2020年にはこれまでで最も進んだ、「終末まで100秒前」となりました。

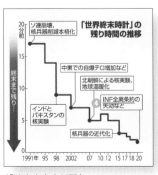

「世界終末時計」の残り時間の推移

- ソ連崩壊、核兵器削減本格化
- 中東での自爆テロ増加など
- 北朝鮮による核実験、地球温暖化
- インドとパキスタンの核実験
- INF全廃条約の失効など
- 核兵器の近代化

1991　95　98　2002　07　12　15 17 18 20

（「読売中高生新聞」2020年1月31日付）

主なアメリカ大統領

初代	ジョージ・ワシントン イギリスから独立を果たした
16代	エイブラハム・リンカーン 奴隷解放宣言や「人民の、人民による、人民のための政治」という言葉などで知られる
26代	セオドア・ルーズベルト 日露戦争で日露を仲介し、ポーツマス条約を結ばせた
28代	ウッドロウ・ウィルソン 国際連盟の設立を提唱した
32代	フランクリン・ルーズベルト ニューディール政策を行った
36代	リンドン・ジョンソン 公民権法を制定した
41代	ジョージ・H・W・ブッシュ マルタ会談で冷戦の終結を宣言した

国連持続可能な開発目標（SDGs）の取り組み

CHECK
SDGs17の目標を確認しよう。

世界結ぶ 17の目標

1 貧困をなくそう	2 飢餓をゼロに	3 すべての人に健康と福祉を	4 質の高い教育をみんなに
5 ジェンダー平等を実現しよう	6 安全な水とトイレを世界中に	7 エネルギーをみんなにそしてクリーンに	8 働きがいも経済成長も
9 産業と技術革新の基盤をつくろう	10 人や国の不平等をなくそう	11 住み続けられるまちづくりを	
12 つくる責任つかう責任	13 気候変動に具体的な対策を	14 海の豊かさを守ろう	
15 陸の豊かさも守ろう	16 平和と公正をすべての人に	17 パートナーシップで目標を達成しよう	

持続可能な開発目標

30年期限 あと10年

SDGs（エスディージーズ）という言葉を見聞きする機会が増えたのではないだろうか。貧困や気候変動などのグローバルな課題の解決に向けて、世界の全ての人が取り組もうと、2030年までに達成しようと約束した17の目標を指す用語で、誰でも参加できる未来への取り組みを基盤から見ていこう。

（編集委員　橋本直人）

SDGsはサステイナブル・ディベロップメント・ゴールズ（Sustainable Development Goals）の略で「持続可能な開発目標」と訳される。

現代を生きる私たちが子孫の便利さや利益を優先して地球環境を破壊すると、将来の世代に持続させることのできない多くの課題があるためだ。

「環境」「経済」「社会」の三つの分野が並び立つように調和を図ることが大きなポイントとなる。

目標1の「貧困をなくそう」では少しかみ砕くと、現代で生活する人々と定義する次元の貧困状態にある子どもの割合を半減させ、すべての年齢の男性、女性、あらゆる極限の貧困をあらゆる場所で終わらせるとともに、すべての人々を対象とする開発途上地域を主な対象とするターゲットもある。

これは「相対的貧困」と呼ばれ、日本国内にも向き合うべき課題だ。

現代を生きる私たちが子孫の便利さや利益を優先して…（以下、紙面の折り重なりにより判読困難）

SDGsが採択されたのは国連（加盟193カ国）で2015年9月、これ以前にも開発途上国を対象に定めた目標があった。先進国を含め世界でSDGsを推進本部を設けた。実施指針を決定した。

共通言語

国内では、政府が16年5月にSDGs推進本部を設置し、各企業が途上国での農業や健康面の支援に加え、環境・廃棄物削減など様々な地方自治体も「持続可能なまちづくり」として、SDGsを活用するケースが…

貧困や気候 先進国も途上国も

昨年9月に国連で開かれた「SDGサミット」では進捗状況を発表する欧州の16か国が占める中、日本は…

第4「教育」の分野に向けた「ジェンダー」などは低い。今年の東京五輪でもSDGsの大阪・関西万博でも…

日本15位

小学校で20年度、中学校で21年度から始まる新しい学習指導要領も「持続可能な社会の創り手」の育成が明記され、今後、若年層の参画も期待されている。

SDGsの特徴としては「パートナーシップで目標を達成しよう（目標17）」とある。個々それぞれに取り組むだけでなく、連携によって効果が生まれることも醍醐味だ。国内外で情報を共有できることから「世界の共通言語」ともいわれている。

（「読売新聞」2020年2月9日付）

重要語句

❶国際連合（国連）

第2次世界大戦を防ぐことができなかった国際連盟の反省のうえに成立した、世界の平和と安全を守る組織。日本は日ソ共同宣言が調印された1956年に加盟。2020年現在、193か国が加盟している。

❷先進国

経済や工業技術の面で発展した国。

❸ジェンダー

生物的な性別と異なり、長い歴史の中で社会的、文化的につくられた男女の区別のこと。

❹ユニセフ（国連児童基金）

貧しい国や地域の子どもの支援を行う国際連合の補助機関。女優の黒柳徹子さんは1984年以来ユニセフ親善大使を務める。

❺投資・ESG投資

投資とは、将来の資本（生産を行う際の元手）を増やすために、現在の資本を投じること。また、「ESG」は「環境」（E）、「社会」（S）、「企業統治」（G）を指し、SDGsにも通じるこのような観点に配慮している企業に対して行われる投資をESG投資とよぶ。

生ゴミから発電 小型化

大ガス　商業施設向け　設備販売へ

♻大阪ガスが実用化する小型バイオガス発電のイメージ

大阪ガスは、生ゴミを発酵させて生み出したバイオガスを燃料にコージェネレーションシステムを動かして電気と温水を作り出し、施設で使う電力などの一部をまかなう発電システムの小型化に成功した。20年末にも、商業施設や食品工場向けに販売を開始する。ゴミの焼却費用や施設の光熱費を節約しながら、二酸化炭素（CO2）の排出を削減できる後押しをする。

大ガスの設備では、浄化槽に生ゴミを入れて約15日間、発酵させる。発生したバイオガスを燃料にコージェネレーションシステムを動かして電気と温水を作り出す。多くの商業施設や食品工場で、1日に出る生ゴミは1～2トン程度にとどまる。そこで大ガスは、発酵温度を比較的高い55度にすることで、同じ容積で多くの生ゴミを処理できるよう改良を決めた。

30トン程度の生ゴミが出る大型施設でなければ、十分なガスを確保できず、普及が進んでいなかった。

ショッピングモールなど多くの商業施設や食品工場は…

近年、地球温暖化対策など「持続可能な開発目標（SDGs）」達成への貢献を比較的高いらとみなし、SDGsへの取り組みを強化する企業が強まっている傾向にある。大ガスは、今後さらに事業化を…。浄化槽には汎用品を活用し、初期費用も抑える。

7 エネルギーをみんなにそしてクリーンに

貢献できる主な目標

（「読売新聞」2020年5月11日付）

CHECK
日常生活のなかでできるSDGsの取り組みについて考えてみよう。

持続可能な開発目標（SDGs）とは？

　^①国際連合は世界各国の協力のもと、国際平和や国際問題の解決を目指した取り組みを続けています。平和や安全を脅かすものには、戦争や環境破壊などがあげられますが、近年は、人類が自分たちの幸せだけを追求していては、地球の資源はなくなり、食物も不足し、結局は全人類が暮らしにくくなるだろうと考えられるようになりました。このような事態になることを防ぎ、人々がずっと幸せに暮らしていけるよう、2015年に国連で採択された「持続可能な開発目標（SDGs＝Sustainable Development Goals）」では17の具体的な目標をあげています。そして、地球上のだれ一人として不幸な状態に取り残さないことを誓っています。これらの目標を達成し、諸問題を解決するのはわたしたち一人ひとりであり、そのための学校教育や役所・企業などの取り組みが日本を含む世界各地で行われています。

日本が他の先進国と比べて遅れている取り組み

　2019年に国連で開催された「SDGsサミット」では、日本は^③ジェンダーや気候変動の分野で他の欧州の^②先進国と比べて遅れていると評価されました。日本では男性と比べて女性は働いている人に対する非正規社員の割合が高く、近年は結婚・出産などの際に出産休暇や育児休暇を取得しやすくする仕組みや、その後の職場復帰への受け入れ体制が整えられつつありますが、SDGsの観点から、さらなる取り組みが求められます。

　日常生活の中でも、SDGs達成に向けた行動をとることができます。身近にあるか探してみましょう。

●**使わない電源を切る**
　→不要な電気の消費をおさえる
●**簡易包装の品物を買う**
　→過剰な包装は資源のむだ遣い
●**窓やドアのすき間をふさぐ**
　→エアコンなどのエネルギー効率を高める

（　こ　こ　も　勉　強　し　よ　う　！　）

✏「世界気候ストライキ」と少女の訴え

　2019年9月、日本を含む世界163の国や地域で早急な地球温暖化対策を訴える抗議デモ「世界気候ストライキ」が行われました。この抗議デモのきっかけとなったのは、スウェーデンの高校生グレタ・トゥンベリさんがスウェーデンの国会前で、たった一人で行った抗議活動でした。グレタさんはその後開かれた「国連気候行動サミット」で演説を

演説をするグレタ・トゥンベリさん
（ロイター）

行いました。グレタさんの厳しい言葉の数々は、世界中に反響をもたらしました。

　2020年の世界的な新型コロナウイルスの流行に際しては、グレタさんは^④ユニセフへの協力を表明するなど、国際社会の諸問題に対し、積極的に行動しています。

✏SDGsとESG投資

　SDGsの達成に向け、日本を含む世界の様々な企業（会社）は取り組みを進めています。貧困、人権や環境といった国際社会の諸問題の解消に向けた事業活動を展開することによって、その企業のイメージや価値が向上します。また、このような企業に投資を行う、^⑤ESG投資にも注目が集まっています。

この記事もチェックしておこう！ 朝鮮半島情勢

脱北者
北朝鮮から国外に脱出した人々。

南北共同連絡事務所
2018年4月の南北首脳会談の際に出された板門店宣言に基づき、北朝鮮の開城に設置された、両国の外交上の窓口。

日韓基本条約
1965年に結ばれた、日本と韓国が国交を樹立した条約。この条約で韓国は日本の植民地支配への賠償を放棄し、日本は韓国への経済援助を行うことなどが確認された。この経済援助をもとに、韓国は「漢江の奇跡」とよばれる経済成長を成し遂げた。

徴用工
太平洋戦争中に日本によって徴用され、工場や炭鉱などで働いた朝鮮半島の人々。

北「前線部隊強化」計画
挑発続く 韓国統一相が辞意

【ソウル＝建石剛】朝鮮・文在寅政権との間で緊張が高まっている。北朝鮮の軍総参謀部報道官は17日、韓国に対する四つの軍事行動計画を明らかにした。16日の南北共同連絡事務所爆破に続く挑発に、韓国・文在寅政権との間で緊張が高まっている。

北朝鮮の軍総参謀部報道官は17日、韓国に対する四つの軍事行動計画を明らかにした上で、金正恩朝鮮労働党委員長がトップを務める党中央軍事委員会に提起するとした。これとは別に、恩氏の決断まで時間が残されていると印象付け、文政権に早期に対北経済支援を提案する通知文を送った。

中央通信によると、北朝鮮の朝鮮人民軍総参謀部報道官は17日、韓国に対する四つの軍事行動計画を明らかにした。

朝鮮中央通信は15日に正恩氏への特使派遣を提案する通知文を送った。〈関連記事2・3・7面〉

計画は、①南北経済協力の象徴である「金剛山観光地区」と「開城工業地区」への部隊の展開②2018年9月の南北軍事分野合意に従って非武装地帯（DMZ）から撤収した軍の監視所を再設置③西南海（黄海）された砲兵部隊の態勢を強化し、軍事訓練を再開④韓国に向けてビラを散布するために前線の地域を開放する――だ。

報道官は、北朝鮮の軍の態度を見守り、今後の身の振り方に応じて対敵行動措置の強度と決行時期を定めるだろう」と強調した。正恩氏の妹の金与正党第1副部長がこれを拒否したという。特使は、鄭義溶国家安保室長、徐薫国家情報院長の2人で、「最も早い日」の訪問を望んでいた。

南北融和政策が危機的状況に陥った文政権内では17日、金錬鉄統一相が関係悪化の責任を取るとして、辞意を表明した。一方、軍合同参謀本部作戦部長は〈北朝鮮が〉実際の行動に移した場合、必ず代価を払うことになる」と北朝鮮に警告を再開するよう迫ったとみられる。

〈読売新聞〉2020年6月18日付

北朝鮮が再び強硬な態度に出る

2018年から2019年にかけ、北朝鮮は韓国やアメリカとの首脳会談を行い、融和姿勢をアピールしていました。しかし、2019年にベトナムのハノイで行われた第2回米朝首脳会談が不調に終わると、融和ムードは遠ざかりました。韓国との関係も再び悪化し、2020年6月には、北朝鮮の政治体制を批判する内容のビラを両国の軍事境界線をこえて北に飛ばす脱北者団体への韓国の対応に不満を表明し、すでに閉鎖状態だった南北共同連絡事務所を爆破しました。

徴用工問題をめぐり、日韓関係にすれ違い

日本と韓国が日韓基本条約を締結して国交を結ぶ際、かつての日本による植民地支配についての賠償は「完全かつ最終的に解決」「いかなる主張もすることができない」としていましたが、2018年には韓国の裁判所が「元徴用工に対する補償は、日韓基本条約に含まれない」とし、現地の日本企業に対し、賠償金の支払いを命じる判決を下しました。

日本はこれに抗議していますが、両国の主張には大きな隔たりがみられます。

台湾の民主化に尽力した李登輝氏が死去

台湾出身者初の総統に

　1895年、下関条約によって清から日本領となった台湾は、以後50年間にわたって日本統治時代が続きました。一方、中国本土では清が崩壊し、1912年に中華民国が成立しました。1930年代には、中華民国を統治していた国民党が共産党と内戦状態になり、日中戦争で両党は協力して日本と戦いましたが、戦後再び内戦に突入、国民党は台湾に逃れ、1949年に共産党による中華人民共和国が成立しました。また、台湾では長い間戒厳令が敷かれ、自由が制限されていました。中国本土奪還を目指す少数の外省人（中国本土出身者）が、多数の本省人（台湾出身者）を支配するなど、混乱が続きました。

　蔣経国氏の後を継いで1988年に台湾の総統に就任した李登輝氏は民主化に尽力し、1996年には台湾初となる総統の直接選挙を実現させるなど、台湾が独自の道を歩む道筋をつくりました。

親日家としての一面も

　1923年に日本統治下の台湾で生まれた李登輝氏は、日本への留学経験もあり、流暢な日本語を話すことができました。総統を務めていたころには日本文化の全面解禁を実施するなど、日台親善にも多大な貢献を果たしました。

李登輝 元総統死去

97歳 台湾の民主化推進

【台北＝杉山祐之】台湾の民主化に尽力した李登輝・元総統が30日、入院先の台北市内の病院で死去した。病院の発表によると、97歳だった。死因は多臓器不全などで、少尉として日本で終戦を迎え、国民党独裁下の台湾に民主化を通じて「台湾人」意識を根づかせ、中国から自立した人々に「台湾人」意識を根づかせ、中国から自立した。

台湾の土台を築いた。第2次世界大戦終結まで、日本統治下の台湾で日本人として生きた世代の代表的存在でもあった。

李氏は1923年、台北郊外の現・新北市で生まれた。京都帝国大学（現京都大）農学部に在学中、学徒出陣で陸軍に入った。45年、中国で共産党との内戦に敗れ、49年に台湾に逃れた国民党は、李総統誕生当時も、中国全域を領土とする「中華民国」を自ら統治しているという虚構の政治制度を維持していた。李氏は、台湾と一部諸島だけを統治している現実に合わせた「台湾化」政策を断行。憲法改正や議会改革を進め、台湾大を卒業後、農業経済専門家としての活躍が認められ、台北市長、台湾省主席などを歴任した。副総統だった88年、蔣経国総統が死去し、台湾出身者として初めて総統に就任した。96年には台湾総統選で初の直接選挙を実現させ、自ら立候補。「台湾化」を進めた。同時に、有権者が市長を直接選ぶ選挙の実施などの民主化も進めた。

96年には台湾総統選で初の直接選挙を実現させ、自ら立候補。初の民選総統となった。「初の民選総統」をミサイル演習で威嚇する中で当選。99年、中台を「特殊な国と国の関係」とする「二国論」を提起し、中国から「台湾独立派」として激しく非難された。

（「読売新聞」2020年7月31日付）

CHECK
東日本大震災の際など、李登輝氏は日本に対する思いやりの言葉を述べた。

■「台湾人」
「台湾人として生まれ、台湾のために何もできない悲哀がかつてあった。いままで台湾の権力を握ってきたのは、全部外来政権だった」(1994年、作家の司馬遼太郎氏との対談で)
「今日、この土地で生活する我々は、先住民か、数百年前や数十年前に来たかを問わず、みな台湾人であり、台湾の真の主人だ」(98年10月の談話)

**「あきらめないで。
　元気を出して」**
李登輝氏の言葉

■中台関係
「両岸（中台）関係は、国家と国家の関係、少なくとも特殊な国家と国家の関係と位置づけられ、合法政府と反乱団体、あるいは、中央政府と地方政府という『一つの中国』の内部関係ではない」(99年7月、ドイツの放送局との会見で)

■日本
「皆様の不安や焦り、悲しみなどを思い、切り裂かれるような心の痛みを感じている。あきらめないで。元気を出して。自信と勇気を奮い起こしてください」(2011年3月、東日本大震災の被災者に)
「世界の人々は日本人が思っている以上に、日本人に対し、そして日本という国家に対し、関心と敬意を払っている」(12年6月、著書『日台の「心と心の絆」素晴らしき日本人へ』)

（「読売新聞」2020年7月31日付）

総統
台湾の元首。現在の台湾総統は蔡英文氏。

下関条約
1895年に結ばれた、日清戦争の講和条約。

国民党（中国国民党）
1919年に孫文によって結成された。蔣介石（蔣経国の父）のころ、1949年に台湾へ逃れた。

共産党（中国共産党）
1921年に毛沢東らによって結成された。現在の中華人民共和国の支配政党。

戒厳令
国家の非常事態の際に、立法権や行政権の一部を軍部に移すこと。台湾では1949年から1987年にわたって布告された。

世界の主な宗教

海外の出来事を理解するためには、
その国や地域の人々が信仰する宗教について知ることが重要です。

世界三大宗教　信徒数が多く、人種・民族などをこえて各地に信徒が存在する

	キリスト教	イスラム教	仏教
開祖	イエス・キリスト	ムハンマド (マホメット)	シャカ (ゴータマ・シッダールタ)
発祥 (場所)	1世紀の初め (パレスチナ)	7世紀の初め (メッカ〜サウジアラビア)	紀元前5世紀ごろ (インド)
聖典	旧約聖書／新約聖書	コーラン (クルアーン)	宗派によって異なる
施設	教会	モスク	寺院
主な宗派 (教派)	カトリック プロテスタント 聖公会 (イギリス) 正教会 (ギリシャなど)	スンニ派 シーア派	上座部仏教 大乗仏教
その他	信徒数が最も多い宗教	信徒数最大の国は インドネシア	タイは 国民のほとんどが仏教徒

イスラム教徒 (ムスリム) の習慣

- 聖地メッカがある方角を向いて、
  1日5回のお祈りをする
- 女性は肌を見せてはならない
- 豚肉や酒の飲食をしない
- ラマダンの月 (イスラム暦の第9月。
  断食月) は、日の出から日没まで
  飲食をしない
- 銀行は利息をつけてはならない

イスラム教国での救護活動組織

戦争や自然災害の際に、敵味方関係なく中立の立場でけが人や病人の救護活動を行う組織「赤十字社」は、「国際赤十字社」と「赤新月社」によって運営されている。

「赤新月社」は、イスラム教国の多くで活動し、キリスト教のシンボルである十字マーク (赤十字) を使わず、白地に赤色の新月のマークを標章に掲げている。

※「赤十字社」を提唱したアンリ・デュナンは初のノーベル平和賞受賞者

ローマ法王フランシスコが来日

2019年11月、カトリックの最高指導者であるローマ法王の、1981年以来2度目となる来日が実現した。東京・長崎・広島を訪問し、天皇陛下や安倍首相 (当時) と会見した。

その他の宗教

ヒンドゥー教 (ヒンズー教)	● 信徒数は仏教徒より多いが、信徒がインドにかたよるため、世界三大宗教に含まれない ● カースト制度 (インドの身分制度で、職業の世襲などが厳しく定められている。現在はインドの憲法で禁止されているものの、カーストの違いによる差別が根強く残っているとされる) ● 牛を神聖な生き物としている
ユダヤ教	● ユダヤ人が信仰する宗教
神道	● 日本古来の宗教で、万物に宿る八百万の神を信じる多神教。日本各地に神社が存在する

一　問　一　答　に　チャ　レ　ン　ジ

1 欧州連合の略称をアルファベット大文字2字で答えなさい。

2 2020年に **1** を離脱した国はどこですか。

3 **1** からの離脱を推進した **2** の国の首相はだれですか。

4 アメリカで1964年に成立した、アメリカ国内における人種差別を禁止した法律を何といいますか。

5 日本の在留外国人のうち、国籍別で最も多い国はどこですか。

6 現在の中国の国家主席はだれですか。

7 1997年に **2** の国から中国に返還され、2020年7月より国家安全法が施行された、中国の特別行政区はどこですか。

8 2020年9月現在、アメリカの大統領はだれですか。

9 2020年11月に予定されているアメリカ大統領選挙における、民主党 (アメリカ) の大統領候補者はだれですか。

10 発明や著作物など、人間が生み出した形のないものを守る権利を何といいますか。

11 2019年に失効した中距離核戦力全廃条約は、アメリカとどの国の間で結ばれていた条約ですか。現在の国名で答えなさい。

12 SDGsは「国連（　　　）な開発目標」の略称です。（　　　）にあてはまる語句を漢字4字で答えなさい。

13 社会的・文化的な男女の違い (性別) を何といいますか。

14 イスラエルと国交がある中近東の国々として誤っているものを次から選び、記号で答えなさい。
　　ア アラブ首長国連邦　イ エジプト　ウ バーレーン　エ イラン

15 現在の国際連合の事務総長はだれですか。

2021年 入試予想問題

1　次の ［地図］ を見て、あとの問いに答えなさい。

［地図］

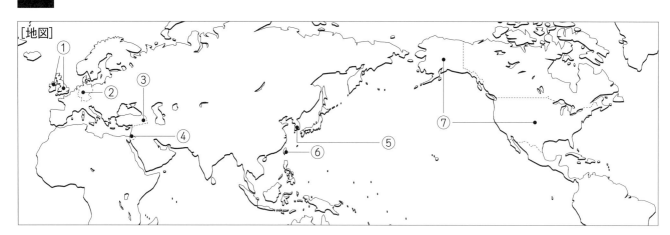

問1　［地図］中の①の国について、次の問いに答えなさい。

(1)　この国が2020年に脱退した組織を何といいますか。

(2)　2016年の国民投票で(1)からの脱退に賛成した人々が多数だった理由について、「欧州連合域内の移民」「仕事」という言葉を用いて説明しなさい。

問2　［地図］中の②の国について、この国の首相はだれですか。

問3　［地図］中の③の国について、この国のイスタンブールにある「アヤソフィア」は世界遺産に登録され、博物館として親しまれてきましたが、2020年にはイスラム教の寺院となりました。イスラム教の寺院を何といいますか。カタカナ3字で答えなさい。

問4　［地図］中の④の国について、この国が首都と主張するエルサレムに聖地がある宗教として誤っているものを次から選び記号で答えなさい。

　　ア．ユダヤ教　　　イ．イスラム教　　　ウ．仏教　　　エ．キリスト教

問5　［地図］中の⑤の韓国について、2018年、韓国の裁判所は、現地の日本企業に対し、徴用工（太平洋戦争のころに日本によって徴用され、悪条件で働かされた人々）に対して賠償金を支払うよう命じました。日韓関係のすれ違いについて、次の問いに答えなさい。

(1)　日本は2004年以来、韓国への輸出品をほぼ無審査で輸出しましたが、2019年8月より、日本の安全保障上の問題が発生しそうなものについては個別に審査を行うことになりました。2020年には、この措置をめぐり、自由貿易を促進する国際連合の関連機関が審理を行うこととなりました。この機関を次から選び、記号で答えなさい。

　　ア．TPP　　　イ．WTO　　　ウ．EPA　　　エ．FTA

(2)　1965年に結ばれた、日本と韓国が国交を樹立した条約を何といいますか。

問6　［地図］中の⑥は台湾です。台湾から見てもっとも近い日本の領土を次から選び、記号で答えなさい。

　　ア．与那国島　　　イ．対馬　　　ウ．石垣島　　　エ．沖ノ鳥島

問7 [地図] 中の⑦のアメリカについて、次の問いに答えなさい。

(1) 2020年11月にアメリカの離脱が予定されている、2015年に発表された気候変動に関する国際的な枠組みを何といいますか。

(2) 2020年5月に発生した白人警察官が黒人男性を死亡させた事件をきっかけに、人種差別反対と警察の暴力に反対する抗議活動が起こりました。人種差別に反対する動きについて、次の問いに答えなさい。

[Ⅰ] 1960年代に起こった公民権運動のなかで、「I have a dream」から始まる著名な演説を行い、ノーベル平和賞を受賞した人物を次から選び、記号で答えなさい。

ア．マーティン・ルーサー・キング　　イ．ルイ・アームストロング

ウ．バラク・オバマ　　エ．ネルソン・マンデラ

[Ⅱ] 第1次世界大戦後、日本はパリ講和会議において人種差別撤廃提案を行いましたが、否決されました。人種差別撤廃提案は、国際連盟規約のなかに、人種差別の撤廃を明記すべきであるとするものでした。この提案を否決した、当時のアメリカ大統領はだれですか。

2　次の文章を読んで、あとの問いに答えなさい。

1945年10月に発足した①国際連合の加盟国は、現在193か国にのぼります。これらの国々の協力や②安全保障理事会や国際司法裁判所などの主要機関、様々な③専門機関がかかわり合い、国際問題の解決や国際平和を目指す取り組みを続けています。

地球の人口は現在、④75億人をこえています。人類が自分のことだけを考えていては、飢えに苦しむ人が増えたり地球の資源が少なくなったりして、結局は多くの人々が不幸な状態になってしまうかもしれません。このような事態を防ぐために2015年に制定された国連による⑤持続可能な開発目標では、地球上のだれ1人取り残さない社会の実現を目指して、世界の国々が共通して解決すべき経済・社会・環境の課題を17の目標で示しています。

問1 下線部①について、国際連合の本部がある都市を答えなさい。

問2 下線部②について、安全保障理事会のいずれかの常任理事国を述べた文として誤っているものを次から選び、記号で答えなさい。

ア．女王のエリザベス2世を頂く、立憲君主制国家として知られる。

イ．日本と平和友好条約を結び、日本はこの国に多額のODAを行っていた。

ウ．二酸化炭素の排出に関するパリ協定から離脱宣言を行った。

エ．第2次世界大戦中に、この国は日本・ドイツと三国同盟を結んでいた。

問3 下線部③について、次の問いに答えなさい。

(1) 専門機関の中には、教育の普及や、世界遺産条約に基づき世界の文化財・自然環境の保全に努めるものがあります。この機関の名前をカタカナで答えなさい。

(2) 各国政府や国際機関の取り組みが不十分な分野では、非政府組織が活躍しています。非政府組織ではないものを次から選び、記号で答えなさい。

ア．国境なき医師団　　イ．赤十字社　　ウ．青年海外協力隊　　エ．ICAN

問4 下線部④について、このうち約半数の人々が住む地域を次から選び、記号で答えなさい。

ア．北アメリカ 　　　イ．アジア 　　　ウ．ヨーロッパ 　　　エ．アフリカ

問5 下線部⑤について、次の問いに答えなさい。

(1) 「持続可能な開発目標」の略称をアルファベット4文字で答えなさい。

(2) (1)のうちの1つである、「飢餓をゼロに」について、日本で社会問題になっている、食べ残しやまだ食べられるのに廃棄される食品のことを何といいますか。

(3) (1)のうちの1つである、「（　　　）平等を実現しよう」について、「社会的・心理的な性別」を意味する言葉を何といいますか。カタカナで答えなさい。

(4) (1)のうちの1つである、「働きがいも経済成長も」について、労働条件の向上などを図る日本の省庁の名前を、漢字で答えなさい。

---

3 次の文章を読んで、あとの問いに答えなさい。

　1840年に起こったアヘン戦争で（　①　）がイギリスに敗北したことからイギリスの植民地になった香港は②1997年に③中国に返還されました。イギリス統治下の香港と中国では政治体制が異なっていたため、返還後50年間は香港の政治体制をそのまま維持する「一国二制度」が採用されていました。

　しかし、2018年に起こった事件をきっかけに香港では「逃亡犯条例」を改正し、犯罪者を香港の外へ引きわたせるようにしました。しかし、香港住民からは、この改正によって香港にいる民主化運動家がつかまって中国に送られ、④香港の「中国化」がさらに進み、「一国二制度」が実質的に崩壊することを恐れる声があがり、大規模なデモが発生しました。

問1 （　①　）にあてはまる中国の王朝を漢字1字で答えなさい。

問2 下線部②について、1997年以降の出来事として正しいものを次から選び、記号で答えなさい。

ア．湾岸戦争 　　　イ．東日本大震災 　　　ウ．消費税の導入 　　　エ．ソ連の崩壊

問3 下線部③について、中国の現在の国家主席の名前を次から選び、記号で答えなさい。

ア．金正恩 　　　イ．毛沢東 　　　ウ．文在寅 　　　エ．習近平

問4 下線部④について、香港の「中国化」が進むことで、香港市民の言論の自由が奪われるのではないかと不安視する声がきかれます。

かつて、1989年に中国の首都・北京で起きた、学生を中心に起こった民主化を求めるデモ活動を軍が武力で弾圧し、多数の犠牲者が出た事件を何といいますか。

1 解答欄

問1	(1)	
	(2)	

問2	

問3	

問4	

問5	(1)		(2)	

問6	

問7	(1)		(2)	I		II	

2 解答欄

問1	

問2	

問3	(1)		(2)	

問4	

問5	(1)		(2)	
	(3)		(4)	

3 解答欄

問1	

問2	

問3	

問4	

適性検査・表現型問題

1 ヨーロッパ各国の各分野における統合の動きは、1952年に設立されたECSC（欧州石炭鉄鋼共同体）から始まりました。石炭と鉄鋼の共同市場を設置し、加盟国間において石炭と鉄鋼の生産や流通の流れを統合することが、ヨーロッパに平和をもたらすことにつながると考えられる理由について説明しなさい。

理由	

2 イスラム教のルールに基づいてつくられた食品を「ハラル食品」といいます。日本に在住する外国人の国籍別割合を表した右の［グラフ］を見て、「ハラル食品」の需要がとくに高い国を選び、国名を答えなさい。また、その国を選んだ理由を説明しなさい。

[グラフ]

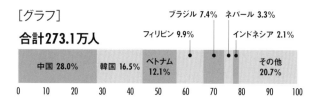

ブラジル 7.4%　ネパール 3.3%
フィリピン 9.9%　インドネシア 2.1%

合計273.1万人

中国 28.0%　韓国 16.5%　ベトナム 12.1%　その他 20.7%

0　10　20　30　40　50　60　70　80　90　100

※「日本国勢図会2019／20」より
法務省「2018年末現在における在留外国人数について」（2019年3月公表）により作成。観光目的で短期間滞在する外国人、外交官や日米地位協定などに該当する軍人、軍属とその家族などは対象とならない。2012年末のデータより中国には台湾を含まない

国名	
理由	

3 SDGs（持続可能な開発目標）について、社会的・経済的に立場の弱い発展途上国の農産物などの商品に対し、適正な価格で継続的に購入することで、生産者や労働者に仕事の機会をつくりだし、彼らが自らの力で暮らしを向上させることを支援する取り組みとして、「フェアトレード」があげられます。「フェアトレード」とSDGsとのかかわりについて、次の2つの目標のいずれかを選び、どのようなかかわりがあるか、あなたの考えを説明しなさい。

課題

※どちらを選んでもかまいません。

第 5 章

自然と科学

レジ袋有料化が始まる

令和2年7月豪雨と防災

「はやぶさ2」帰還へ

この記事もチェックしておこう!
地質時代「チバニアン」が正式決定／世界最小の恐竜の卵の化石を発見

時事カレンダー2020

時期	主な出来事
2019年 12月	スペイン・マドリードでCOP25（第25回国連気候変動枠組み条約）が開幕
2020年 1月	地質時代の名称に「チバニアン」が正式決定
5月	自衛隊の「宇宙作戦隊」が発足
6月	日本で部分日食を観測
7月	プラスチック製のレジ袋有料化が開始
	千葉県習志野市に隕石が落下（習志野隕石）
	令和2年7月豪雨が発生
	統計開始以来初めて7月に台風が発生せず

今後の予定

2020年 12月	小惑星探査機「はやぶさ2」が地球に帰還予定

レジ袋有料化が始まる

レジ袋有料 歓迎と戸惑い

制度スタート

個人商店は手探り

辞退「環境に優しく」
購入「ごみ袋に使う」

レジ袋が有料化された コンビニ。辞退する客が多かった（1日午前、大阪市北区で）＝前田尚紀撮影

レジ袋の有料化が始まった1日、小売り大手やチェーン店ではレジ袋が必要かどうか確認したり、無料で配布できる「環境配慮型」のレジ袋に切り替えるなどした。一方で、個人商店からは「客が離れるのでは」といった戸惑いの声も出ていた。

＜本記事1面＞

■レジ待ちやや長く

「レジ袋は少しかかりますが、どうせ買うから」。レジ袋を有料化したコンビニ「ファミリーマート大阪市役所店」（大阪市北区）では、購入したばかりの運送業男性（58＝はレジ袋を付けた。「代金を払うのは抵抗があるが、ごみ袋としても使っているので仕方ない」と話した。

弁当などを買った市職員の男性（42）は「エコバッグを持参。「地球環境に貢献できる有料化は歓迎。エコバッグを職場でも持っています」と得意げだった。

■しっかり説明

大量のレジ袋を扱う小売り大手やチェーン店では、従来わなければならないケースが多い。外食チェーンの日本マクドナルドや牛丼大手の吉野家などはバイオマス素材の配合率が高い袋を利用し、無料提供を続ける。

「シールで結構です」などと辞退する客が目立つ一方、レジで手間取る客もおり、辞退した客にはスマホを利用して割引クーポンを配るキャンペーンを開始した。セブン―イレブンは1枚3～5円、ローソンは3円など、大半のコンビニがこの日から本格的に切り替えた。

大手スーパーは先行して切り替えているケースが多い。客の反応は様々だ。飲料や野菜を買った主婦（42）は「レジ袋をもらうのが習慣になっていた。「口にするものなので、新型コロナウイルスなど衛生面での不安がある」と漏らした。「お客さんに清潔な袋を準備してくれればいい」との声もあった。

（読売新聞）2020年7月1日付

画一的に対応しているが、個人商店の対応は手探り。大阪市北区の天神橋筋商店街。1日から1枚3円の料金を取るパン店「セイロ原瑞樹副店長（23）は「ここまでレジ袋を断るお客さんは数人。有料化のお客さまにお知らせするようにしたい」と話した。

一方、「口にするものなので、新型コロナウイルスなど衛生面での不安があるな」という。自の負担は多少増えるが、「各自の負担で環境を守るためのエコバッグを持参して協力したい」と話した。

■エコバッグ人気

無料で配布できるバイオマス素材のレジ袋の問い合わせも急増している。レジ袋の製造販売会社「ハウスホールドジャパン」（大阪市中央区）によると、一般的な袋に比べて価格は3割増したが、注文した事業者数も増えたという。

梅田ロフト（大阪市北区）では、6月の売り上げは前年同期の約3倍に上り、今月2日からは特設スペースを設けるという。折り畳みが簡単なものや保冷機能が付いたものが人気といい、担当者は「シンプルな無地を求める男性客の姿も目立つようになった」と話す。

代金をお客さんに払ってもらうからは「近隣のライバル店に比べ、無料のレジ袋なら客が流れてしまう。コストがかかっても仕方がない」との声があるという。

有料化の対象となるレジ袋とならない袋

有料化の対象となる袋	対象とならない袋
商品を運ぶ持ち手の付いたプラスチック製の袋	・植物由来のバイオマス素材の配合率が25%以上の袋 ・厚さ0.05ミリ以上で繰り返し使用できる袋 ・海で分解される生分解性プラの袋 ・紙製、布製の袋 ・スーパーで生鮮食品などを入れる持ち手のない袋

重要語句

❶エコバッグ（マイバッグ）
スーパーマーケットなどで買い物をした際に、購入した品物を入れるために持参する袋。主に布製で、くり返し使うことができる。

❷バイオ素材（バイオマス）
自然由来の資源。バイオ素材は燃やしても大気中の二酸化炭素が増加しない性質（カーボンニュートラル）を持つ。

❸プラスチック
原油を精製して得られるナフサを加工してつくられる。

❹3R
循環型社会を形成するために必要な3つの取り組み。リデュース・リユース・リサイクルからなる。

アルミ缶、スチール缶、ペットボトルのリサイクル率

2018年度

	消費重量	再生利用重量	リサイクル率
アルミ缶	33.0万t	23.9万t	93.6%
スチール缶	43.9万t	40.4万t	92.0%
ペットボトル	62.6万t*	52.9万t	84.6%

※アルミ缶リサイクル協会、スチール缶リサイクル協会、PETボトルリサイクル推進協議会のHP資料より　　＊数値は「販売量」

レジ袋の有料化

2020年7月より、レジ袋の有料化が日本でもスタートしました。今後、有料化によって、国内で使用されるレジ袋がどれだけ削減されるのか、また、❶エコバッグを持ち歩く生活スタイルが普及していくのか、といった点が注目されます。

レジ袋の多くはプラスチック製です。日本の1人当たりのプラスチック廃棄量は、アメリカに次いで世界で2番目に多い国です。国民1人あたり、年間で約30kg強のプラスチック容器包装を廃棄しています。そのうちレジ袋は、日本国内で使用されるプラスチックの数%にしか過ぎませんが、たとえ割合は低くとも、まずはわたしたちの生活に身近なレジ袋から削減することで、環境意識を高めたり、さらなるプラスチック廃棄量の減少につなげていこうとしています。

現在、大阪湾に沈んでいるレジ袋は300万枚と、膨大な量が推定されていたり、世界的にみても毎年800万tのプラスチックごみが海にたまり続けていて、2050年には海中のプラスチックごみの総量が、海にいるすべての魚の量をこえるとされています。

コロナ禍で欧米ではレジ袋無料化

エコバッグは何度も使えるため、3Rのうちのリデュースの観点からみれば有効ですが、何度も使いまわすことで新型コロナウイルスの感染リスクが高まるなどとして、日本に先駆けてレジ袋の有料化を進めてきた欧米各国では、レジ袋を再び無料化する動きがみられます。レジ袋のほか、食品容器、マスクや医療関係者向けの防護服など、新型コロナウイルスの流行は、プラスチックの大量消費をもたらしてしまっています。

(こ こ も 勉 強 し よ う ！)

✏ プラスチックごみが海を漂うと…

微生物などの働きで分解される木や布とは異なり、プラスチックは原油を精製したときに得られるナフサからつくられているため、自然に還りません。使用済みのレジ袋をポイ捨てしてはいけません。

プラスチックごみが海へ流されると、船の航行の妨げになったり漁業などに悪影響をもたらします。魚がえさと勘違いしてプラスチックごみを飲みこんでしまうと、えさを十分に食べることができなくなる恐れもあります。さらに、プラスチックは紫外線や波の力によって細かく砕け、大きさが5mm以下のマイクロプラスチックになります。海を漂うマイクロプラスチックには、有毒な物質が付着することもあります。

✏ 地球規模の環境問題を知ろう

産業革命以降、大量生産、大量消費の時代になり、エネルギー資源の大量使用による酸性雨が発生し、二酸化炭素（CO_2）の排出量が増えました。また、焼畑農業により森が焼かれ、過度の食料生産によって土地がやせ細り、自然は失われていきました。環境問題の原因や影響、主な発生地をおさえましょう。

世界の環境問題 ▤ 酸性雨 ❋ 砂漠化 ▨ 熱帯林の破壊

令和2年7月豪雨と防災

災害に関する地図記号

避難所などの地図記号は「避難所」「緊急避難所」の記号と災害の種類をあらわす記号を組み合わせて使用する。※火山現象の避難場所は、文字で表記される

緊急避難場所

避難所

避難所兼緊急避難場所

津波・地震・高潮

洪水・浸水

地震・大規模火災

土砂災害

（地図記号はすべて、国土地理院の公式ホームページより）

（例）

土砂災害および洪水・浸水の緊急避難場所

出典：ハザードマップポータルサイト

72時間雨量が観測史上最大となった九州の27地点（単位はミリ）

地点	雨量
①大分県日田市椿ヶ鼻	862.0
②鹿児島県鹿屋市鹿屋	754.0
③鹿児島県鹿屋市吉ヶ別府	692.0
④熊本県山鹿市鹿北	690.5
⑤福岡県大牟田市大牟田	688.5
⑥熊本県あさぎり町上	660.0
⑦長崎市長浦岳	593.5
⑧福岡県久留米市耳納山	586.5
⑨福岡県添田町英彦山	567.5
⑩熊本県天草市牛深	562.5
⑪熊本県南小国町南小国	559.5
⑫長崎県大村市大村	531.0
⑬福岡県久留米市久留米	529.0
⑭鹿児島県志布志市志布志	528.5
⑮福岡県柳川市柳川	519.0
⑯大分県玖珠町玖珠	518.5
⑰熊本県芦北町芦北	517.5
⑱佐賀県鳥栖市鳥栖	504.0
⑲鹿児島県指宿市指宿	493.5
⑳大分県日田市田	486.0
㉑佐賀市川副	477.5
㉒大分県中津市耶馬渓	475.0
㉓大分県中津市中津	429.5
㉔大分県杵築市杵築	446.5
㉕大分県豊後高田市豊後高田	381.0
㉖大分県国東市武蔵	369.0
㉗大分県国東市国見	320.0

福岡県
佐賀県
筑後川
長崎県
熊本県
大分県
大分川
球磨川
宮崎県
鹿児島県

（縦書き新聞記事）

九州27地点 雨量最大

72時間観測 梅雨前線 停滞続く

豪雨 死者60人に

（「読売新聞」2020年7月9日付）

梅雨前線の影響で豪雨に見舞われた九州で、3〜8日に観測された72時間雨量が27地点で観測史上最大を更新したことが、気象庁のまとめで分かった。最初の大雨特別警報が出る直前の2日以降、断続的に大雨となっている。熊本県など19人に、新たに3人の死亡を発表し、一連の大雨の死者は計60人となった。気象庁は今後も大雨となる恐れがあるとみている。

大雨での人的被害は、死者60人のほか、心肺停止1人、行方不明17人となっている。

九州7県の全163地点や集落の孤立が相次いだ各5地点、長崎、鹿児島県4地点、いずれも平年の7月1か月分の平年降水量が確認できた8地点で平年の7月1か月分の降水量を上回った。

豪雨では、九州を南北に移動する前線に沿った空気が流れ込み、市街地が冠水した。4日以降、球磨川流域など同じ場所に雨雲が降り続き、4日午前3時頃には球磨川流域の人吉市で410.5ミリを観測し、24時間雨量は九州の19地点で観測史上最大を更新した。うち、7割が平年の7月1か月分の降水量にあたる。

気象庁は4日に熊本、鹿児島県、6日に福岡、佐賀、長崎県に大雨特別警報を発表した。土砂災害や河川氾濫などの危険度を地図で示した「危険度分布」をホームページ上で公開している。その際、甚大な被害が出た福岡県朝倉市で観測された6〜7日の雨量は、氾濫した球磨川の流域など、土砂災害などにも警戒を呼びかけている。

CHECK
球磨川は日本三大急流の1つ。日本三大急流はほかに最上川・富士川。

線状降水帯 流域覆う

（「読売新聞」2020年7月5日付）

九州の記録的な大雨は、盆地で雨水が流れ込みやすく下流では川幅が狭まっているため、急激に水位が上がったとの見方もある。積乱雲がほぼ同じ場所に次々と発生し、大量の降雨をもたらす「線状降水帯」が原因とみられる。専門家は、この線状降水帯が熊本県の球磨川流域のほぼ全体を覆うように生じたことなどが、短時間で氾濫に至った要因の一つとみている。

気象庁によると、梅雨前線が二つの高気圧に挟まれ、九州を横断する形で停滞。そこに南と西から暖かく湿った空気が流れ込み、線状降水帯ができたという。

石田桂・熊本大助教（水文気象学）は「流域全体で観測史上最大を記録するような雨が降り続き、一気に氾濫を招いたのではないか」と指摘。これに加えて、線状降水帯は、09〜18年に全国で16例に上ったという。

九州で記録的な大雨が降った仕組み
（4日午前3時頃の状況、気象庁の資料を基に作成）

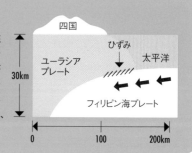

高気圧
1.梅雨前線が停滞
2.暖かく湿った空気が流入
3.球磨川流域で線状降水帯が発生
高気圧

重要語句

❶ 特別警報

豪雨や大津波など重大な災害がおこる恐れが著しく高まっている際に、最大級の警戒をよびかけるため気象庁が出す警報。

❷ Wi-Fi

無線通信を利用してインターネット上でデータの送受信を行うシステム（無線LAN）の、世界共通規格の名称。

❸ 南海トラフ地震

ユーラシアプレートの下にフィリピン海プレートが沈みこむことで生じるひずみが原因で起こる巨大地震。四国沖の南海地震、紀伊半島沖の東南海地震、静岡県沖の東海地震が含まれる。

危ぶまれる南海トラフ地震

西日本の太平洋側の沖合約100kmの海底にある、延長約700kmの溝を「南海トラフ」とよぶ。ここではフィリピン海プレートがユーラシアプレートの下に沈みこむことで少しずつひずみが生じている。ひずみが限界に達するとユーラシアプレートがはね上がり、過去に何度も巨大地震が発生している。

四国
ひずみ
ユーラシアプレート
太平洋
30km
フィリピン海プレート
0　100　200km

❹ 線状降水帯

次々と発生する発達した積乱雲が列をなしたように連なり、数時間にわたってほぼ同じ場所を通過、またはとどまることでつくりだされる、強い降水をともなう雨域。

❺ 自然災害伝承碑

2019年に制定された地図記号。そのきっかけとなったのは、2018年6月下旬から7月上旬にかけて発生した「平成30年7月豪雨（西日本豪雨）」であった。

記事のポイント

九州などで記録的な大雨

2020年7月上旬、九州付近に発達した梅雨前線が停滞した影響で[1]線状降水帯が発生し、熊本県や鹿児島県に記録的な大雨が降りました。気象庁は九州のいくつかの県に大雨特別警報を発令し、人々に避難をよびかけましたが、雨の勢いは強く、熊本県を流れる球磨川が氾濫し、洪水や土砂崩れが相次ぎ、人吉市や八代市、球磨村などで多くの人が亡くなりました。

その後も7月31日までの期間に中部地方・中国地方・東北地方でも記録的な大雨が降りました。これら7月3日から31日にかけての各地の大雨が、「令和2年7月豪雨」に含まれます。

近年は、ダムの水位をあらかじめ下げて貯水量を増やす、ダムの事前放流が行われる事例がみられますが、令和2年7月豪雨では行われませんでした。

「3密」をためらわず、避難を優先しよう

今回の豪雨で心配されたのが、避難所での新型コロナウイルスの感染でした。避難所は「3つの密」になりやすく、感染拡大がおこりやすくなっています。そのため、避難所の構造に対して不安視する意見もみられますが、逃げ遅れては元も子もありません。ためらわず、命を守る行動をとる必要があります。

一方、今回の豪雨における救助活動や復興において、多くの人がボランティア活動に参加しようとしましたが、参加希望者を県内もしくは近県に在住の人に限定するなど、新型コロナウイルスの感染防止をふまえた動きもみられました。

（ ここも勉強しよう！ ）

◆ 災害発生時の対応について知っておきたいこと

「災害用伝言ダイヤル」は電話番号171を利用して、被災地の方がメッセージを録音することで、安否確認ができます。大規模災害時に開放される無料[2]Wi-Fi「00000JAPAN」も知っておくと便利です。

大雨時の注意ポイント
●市町村の避難情報に従い、すぐに避難
●外出が危険な場合は、2階以上や崖の反対側の部屋へ移動する
●川や水路、崖に近づかない
●気象庁HPの「危険度分布」で地域の状況を確認する

普段から心がけておくべきこと
●気象情報やハザードマップ、避難場所などを確認する
●自宅が土砂災害警戒区域かどうかを確認する

◆ 地図記号「自然災害伝承碑」

2019年、国土交通省の国土地理院発行の地形図において、かつて地震・津波・水害・火山の噴火といった災害があったことを後世に伝える石碑やモニュメントを「[5]自然災害伝承碑」として地図記号で示されるようになりました。

このような石碑やモニュメントは全国各地に存在しますが、その存在は次第に忘れ去られてしまいます。地図記号として掲載されることで目に付きやすくなり、防災意識の向上に向けた取り組みの1つとして注目されています。

「記念碑」と見間違えないようにしよう。

記念碑 / 自然災害伝承碑

「はやぶさ2」帰還へ

初代「はやぶさ」の活躍

「はやぶさ」は、小惑星「イトカワ」の調査を目的として2003年に打ち上げられ、無事に「イトカワ」に到着。観測後、着陸してサンプル（試料）を採取し、2010年に地球に帰還した。天体に着陸してサンプルを持ち帰ったのは月以外では世界初の快挙で、試料や様々な経験は、その後の太陽系の研究や宇宙航空技術の発展などに役立てられている。「イトカワ」は、日本宇宙開発の父・糸川英夫氏にちなんで名づけられた。

米ソの宇宙開発競争

20世紀に入ると、航空機の発達とともに、宇宙への進出を目指す動きが活発になった。第2次世界大戦後は、冷戦による対立が続くアメリカとソ連による宇宙開発競争がくり広げられた。1957年、ソ連によって世界初の人工衛星スプートニク1号が打ち上げられ、1961年にはソ連の宇宙飛行士ガガーリンが世界で初めて宇宙に旅立ち、宇宙から地球のすがたを見て「地球は青かった」と述べた。

　一方、アメリカは月面着陸を目指すアポロ計画を進め、1969年、アポロ11号によって世界初の有人月面着陸を果たした。次のアポロ12号が地球に持ち帰った月の石は、1970年の大阪万博で展示された。

重要語句

❶宇宙航空研究開発機構（JAXA）

2003年に3つの機関が統合して誕生した、日本における政府全体の宇宙開発・研究・利用を技術で支える中核的実施機関。小惑星探査機「はやぶさ2」、2020年に運用が終了した宇宙ステーション補給機「こうのとり」や、小型ロケットの打ち上げにも取り組んでいる。

❷はやぶさ2

「はやぶさ」の後継機として開発された小惑星探査機。

❸リュウグウ

地球から約2億8000万km離れた小惑星で、大きさは直径約900m。

---

❷
はやぶさ2 地球へ「スパート」
主力エンジン再噴射へ

宇宙航空研究開発機構（JAXA）は11日、小惑星探査機はやぶさ2のイオンエンジンの運転を12日朝に始めることを明らかにした。運転期間は9月まで。

はやぶさ2は小惑星リュウグウの探査を終えて地球に戻る途中で、主力のイオンエンジンの運転はこれが最後となる。今回は、地球に向かう軌道に乗るための重要な運転となる。その後、別のエンジンによる精密誘導で地球の軌道に入り、11～12月、リュウグウの石や砂が入っているとみられるカプセルを地球に送り届ける。その後は軌道を変えて、別の小惑星に向かうことも検討している。

イオンエンジンは小惑星イトカワを探査した初代はやぶさでも採用されたが、故障に見舞われ、地球への帰還も危ぶまれた。これを踏まえ、はやぶさ2では耐久性や推進力を増強した。

（「読売新聞」2020年5月12日付）

はやぶさ2の帰路（JAXAの資料を基に作成）

- ④イオンエンジン運転（〜20年9月）
- ③現在のはやぶさ2の位置
- リュウグウの軌道
- 地球の軌道
- 太陽
- ⑤地球に帰還（20年11〜12月）
- 精密誘導
- 地球
- リュウグウ
- ①リュウグウ出発（2019年11月13日）
- ②イオンエンジン運転（19年12月〜20年2月）

小惑星探査機 **はやぶさ2**

高速通信のためのアンテナを新たに追加

カプセル 試料を地球に持ち帰る

サンプラホーン 試料を採取する
先端部に取り付けた折り返しに砂粒がひっかかるように工夫

爆発
分離
衝突装置 リュウグウに人工のクレーターをつくる
銅製の弾丸

（「読売新聞」2018年6月27日付、写真提供：JAXA）

		はやぶさ2	はやぶさ
大きさ		1×1.6×1.25m	1×1.6×1.1m
重さ		609kg	510kg
小惑星滞在日数		約1年半（予定）	約3か月
試料採取回数		3回 1、2回目は小惑星表面。3回目は地中からの採取に挑戦	2回（表面のみ）
姿勢制御装置		4台	3台（このうち2台が故障）
開発費用		162億円	127億円

❹種子島宇宙センター

1969年に鹿児島県・種子島に開設された、人工衛星などを打ち上げるためのロケット発射場。ロケットは地球の自転を利用して発射させるため、赤道直下もしくは低緯度地域に発射場をつくるのが望ましいが、発射場の設置が計画されていたころは、小笠原諸島（1968年返還）や沖縄（1972年返還）がまだアメリカの統治下にあった。

航空自衛隊に「宇宙作戦隊」新設

2020年5月、防衛省は航空自衛隊に「宇宙作戦隊」をもうけた。「宇宙作成隊」はJAXAがアメリカ宇宙軍と協力し、宇宙空間の常時監視体制を構築し、スペースデブリ（宇宙ごみ）や他国の人工衛星などから日本の人工衛星を守る役割が期待されている。

記事のポイント

期待される「はやぶさ2」の任務

「❷はやぶさ2」は 2014 年に❹種子島宇宙センターから打ち上げられ、2018 年に小惑星「❸リュウグウ」に到着しました。

2019 年 11 月には探査を終え、「リュウグウ」を出発し、2020 年 12 月、「はやぶさ2」は地球に帰還を果たす予定です。

今回の探査では、「リュウグウ」が水星より太陽に近い軌道をとっていた時期があったことがわかりました。また、人工的にクレーターをつくることで、クレーターの生成過程を解明することができました。そして、クレーターをつくったときに露出した地下の岩石の試料を採取した可能性が高いといわれており、今後の研究が期待されています。

小惑星の表面の岩石は太陽風や宇宙線の影響で性質が変化していますが、地下の岩石は変化が少なく、太陽系が誕生した当時の状態を保っているとみられます。両方の岩石の成分の比較などから、太陽系のなりたちを知る手がかりが得られます。

「はやぶさ2」は地球近くで本体とカプセルが分離した後、カプセルはオーストラリアの砂漠地帯に着陸し、「はやぶさ2」本体は地上に戻らず、再び宇宙へ旅立つ予定です。

地球のなりたちが明らかに

小惑星「イトカワ」に着陸し試料を採取した「はやぶさ」が地球に帰還して 10 年。「イトカワ」から採取した試料から、地球のなりたちがわかりつつあります。

地球に生命を生んだ大量の水は太陽から離れていて水に富む小惑星が運んできたと考えられていますが、「イトカワ」から採取された試料の微粒子から水が発見され、イトカワのような岩石質の小惑星からも海水がもたらされたと指摘されています。

ここも勉強しよう！

人工衛星とわたしたちの暮らし

宇宙には様々な人工衛星が打ち上げられています。その中には、わたしたちの暮らしを支えているものもあります。日本の気象衛星「ひまわり」は、気象観測を行う人工衛星で、日本国内だけでなく、周辺諸国にも気象情報を提供しています（現在は「ひまわり」9号）。2010年に初号機が打ち上げられた衛星測位システム「みちびき」は2018年11月から運用を開始し、電波を利用して位置情報をあらわす「日本版GPS（全地球測位システム）」を実現しました。現在、「みちびき」から送られる高精度な位置情報を利用した、自動運転システムの研究が進められています。

宇宙の環境問題

現在、地球軌道上にあるスペースデブリ（宇宙ごみ）は微粒子の大きさのものも含めると数千万個以上になります。スペースデブリは、人工衛星に衝突すれば大きな被害をもたらすことになり、地球上に落下する危険性もあります。宇宙空間はどの国にも属しませんが、各国が宇宙空間を利用するようになると、各国間で守るべきルールが必要になります。

1959年、国連は常設委員会として宇宙空間平和利用委員会（COPUOS）を設置し、「宇宙条約」が作成され、1967年に発効しました。最近では、2007年にスペースデブリ低減ガイドラインが採択されています。

地質時代「チバニアン」が正式決定

地球の歴史を地層から知る

　約46億年もの長い地球の歴史のなかで、文字による記録が残されている時代（有史時代）以前の地層や化石などを手がかりに区分されている時代を「地質時代」といいます。発見された生物の化石はそのころ地球上で繁栄していた生物で、当時の地球のようすをうかがい知ることができます。例えば陸地で貝の化石が大量に見つかる場所は、かつては海の底だったと推測することができます。

なぜ、チバニアンか？

　千葉県市原市の内陸部に位置する地層から、約77万年前に地磁気が反転した（N極とS極が入れ替わった）痕跡が見つかりました。地磁気の反転は、過去360万年間で11回は起きたとみられています。日本の研究チームはこの地層を、約77万年前の新生代第四紀中期更新世における研究の指標地として、国際地質科学連合に申請しました。現在、地質時代のほとんどの時代名には、指標となる地層が発見された地域の名前がつけられています。チバニアンの名称も、市原市がある千葉県から名づけられました。

　チバニアンが位置する「養老川流域田淵の地磁気逆転地層」は、2018年、国の天然記念物に指定されました。

チバニアン命名

日本の研究チーム「感無量」

（「読売新聞」2020年1月18日付）

CHECK
千葉県市原市の沿岸部には日本有数の石油化学コンビナートが見られる。

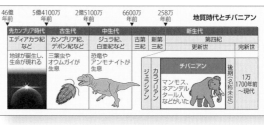

（「読売新聞」2020年1月24日付）

地層
泥や砂、火山灰などが層状に積み重なったもの。

地磁気
地球が持つ磁石のような性質。現在の地球では方位磁針のN極が北、S極が南を指す。

天然記念物
動植物や地質・鉱物、天然保護区域といった自然の記念物。日本では文化財保護法に基づき文部科学大臣が指定する。所管は文化庁。天然記念物の指定により、許可なく採集したり傷つけたりした場合には、罰金の対象となる。

世界最小の
恐竜の卵の化石を発見

丹波 世界最小の恐竜卵

非鳥類型、新種の化石発見

筑波大と兵庫県立人と自然の博物館（兵庫県三田市）は23日、同県丹波市の白亜紀前期（約1億1000万年前）の地層から、非鳥類型では世界最小の恐竜の卵化石が見つかったと発表した。長さ4・5ミリ、幅2ミリで、重さは推定約10ミリグラムとウズラの卵ほどの大きさで、獣脚類の新種と確認された。この地層ではこれまで計6種類の卵化石が見つかっており、同大学は「小型恐竜の獣脚類恐竜の卵の化石が見つかった発掘現場では、形状をとどめた卵や大量の卵殻片が密集して見つかり、巣の残骸が見つかった地域となった。

研究チームの田中康平・筑波大助教（古脊椎動物学）は「小型恐竜は化石として残りにくく、大型恐竜に比べて不明な点が多い。今後も卵化石の調査を続け、小型恐竜の生態の解明にもつなげたい」と話している。

然の博物館だった営巣地だったと推定され「小型恐竜のる」としている。

論文が、専門誌「クレテイシャス リサーチ」（電子版）に掲載された。

発表によると、研究グループは、2019年に行われた発掘調査で4種類の卵化石を発見。このうち2種類が、殻の模様の特徴などから新種と断定された。新種2種類はコンピューターによる解析で、非鳥類型の獣脚類恐竜の卵の化石

と判明。世界最小の卵化石は「ヒメウーリサス・ムラカミイ」、もう一つは「サブティリオリサス・ヒョウゴエンシス」と命名された。

白亜紀前期 営巣地か

発掘された「ヒメウーリサス・ムラカミイ」の卵化石。白線の輪郭で、黒い部分が卵殻片（筑波大学・兵庫県立人と自然の博物館提供）

1cm

白亜紀前期の卵化石の発見は、これまでスペイン・テルエルの5種類が最多だったが、今回の発見で同市で見つかった卵化石は6種類になり、最も多い卵化石が見つかった地域となった。

（「読売新聞」2020年6月24日付）

CHECK
卵の化石や卵の形跡がみられ、巣があったと考えられる。

不明な部分が多い小型
恐竜の生態の手掛かりに

2019年に兵庫県丹波市で、約1億1千万年前の地層から恐竜の卵の化石が見つかりました。この化石はウズラの卵ほどの大きさで、2020年には、現在発掘されているなかで、世界最小であることが確認されました。

恐竜は、大きなもので体長30mをこえるものもあります。大きな恐竜の化石は残りやすく、世界で多くの発見例が見られますが、小さな恐竜やそれに関連する卵は、化石として残りにくく、丹波市で発見された卵の化石は、小型恐竜の生態解明の手掛かりになるものとして期待が高まっています。

1978年に日本で初めて岩手県で恐竜の化石が発掘されて以来、日本ではこれまでに1道18県で恐竜の化石が発掘されています。

恐竜
中生代に繁栄した脊椎動物。約6600万年前に小惑星の衝突による地球環境の急激な変化などによって絶滅したと考えられている。

丹波市
兵庫県東部の市。近隣には丹波篠山市（兵庫県※2019年に篠山市から改称した）、福知山市（京都府）が位置する。

「メウーリサス（小さい卵の石）・ムラカミイ」と親恐竜の復元画（筑波大学・兵庫県立人と自然の博物館提供／イラスト：長手彩夏さん提供）（「読売新聞」2020年6月25日付）

樺太で発掘された
「ニッポノサウルス」
太平洋戦争前の1934年、当時は日本領だった南樺太（現在の樺太はロシア領）で、日本人による初となる恐竜の化石が発掘された。調査の結果「ニッポノサウルス」と命名され、体長約4m、体重は約1tと推定されています。この恐竜の標本は、上野の国立科学博物館などに展示されている。

日本人のノーベル賞受賞者

毎年各分野の受賞者が世界じゅうで話題になるノーベル賞。
過去の日本人受賞者と受賞分野をおさえましょう。

ノーベル賞とは

1901年から賞の授与が始まった。授賞式を行う12月10日は、賞の創設者アルフレッド・ノーベル（1833〜96年）の命日。現在、ノーベル賞は物理学賞、化学賞、生理学・医学賞、文学賞、平和賞、経済学賞の6賞がある。

2020年のノーベル平和賞はWFP（世界食糧計画）

平和賞に世界食糧計画

ノーベル賞 飢餓救う活動 評価

【ローマ＝笹子美奈子】ノルウェーのノーベル委員会は9日、2020年のノーベル平和賞を国連の世界食糧計画（WFP、本部・ローマ）に授与すると発表した。世界の紛争地などで飢餓に苦しむ人々を支援し続け、平和と安定に貢献してきた活動を評価した。

ノーベル賞委員会のベリット・ライスアンデシェン委員長は記者会見で、「今年は紛争に加えて新型コロナウイルスの大流行により世界中で飢餓の瀬戸際に立つ人々が急増した。WFP」は大きな貢献をしている」と授賞理由を説明した。

WFPは1961年に、貧困国などへの食糧援助や開発支援を目的に設立された国連機関だ。2019年は、アフリカや中東などの88か国で約9700万人に援助を行った。支援した食料は420万♭に上る。50か国の1730万人以上の子供に学校給食を提供した。

世界各地に約1万7700人の職員がおり、1000超の民間活動団体（NGO）とも連携している。受賞は一体であることを思い出させるものだとの声明を出した。

平和賞候補として今年、ノーベル賞委員会に推薦されたのは318個人・団体だった。授賞式は12月10日、ノルウェー・オスロ市郊外のオスロ大学講堂で行う。新型コロナウイルス対策のために規模は縮小し、晩さん会は中止する。

〈関連記事8面〉

（「読売新聞」2020年10月10日付）

CHECK

平和賞のみ、ノルウェーのオスロで授賞式が行われる。そのほかの賞の授賞式は、スウェーデンのストックホルムで行われる。

物理学賞（11人）

1949年（昭和24年）	湯川秀樹
1965年（昭和40年）	朝永振一郎
1973年（昭和48年）	江崎玲於奈
2002年（平成14年）	小柴昌俊
2008年（平成20年）	小林 誠
	益川敏英
	南部陽一郎※
2014年（平成26年）	赤﨑 勇
	天野 浩
	中村修二※
2015年（平成27年）	梶田隆章

化学賞（8人）

1981年（昭和56年）	福井謙一
2000年（平成12年）	白川英樹
2001年（平成13年）	野依良治
2002年（平成14年）	田中耕一
2008年（平成20年）	下村 脩
2010年（平成22年）	根岸英一
	鈴木 章
2019年（令和元年）	吉野 彰

生理学・医学賞（5人）

1987年（昭和62年）	利根川 進
2012年（平成24年）	山中伸弥
2015年（平成27年）	大村 智
2016年（平成28年）	大隅良典
2018年（平成30年）	本庶 佑
2019年（令和元年）	吉野 彰

文学賞（2人）

1968年（昭和43年）	川端康成
1994年（平成6年）	大江健三郎

平和賞（1人）

1974年（昭和49年）	佐藤栄作

経済学賞（0人）

※南部陽一郎氏と中村修二氏はアメリカ国籍を取得後に受賞

自然保護の取り組み

日本各地で行われている自然保護の取り組みをおさえ、
自然ゆたかな日本の国土、自然への理解を深めましょう。

● 日本の国立公園（34か所 2020年9月現在）
■「ナショナルトラスト運動」がさかんな地域の例
▲「ラムサール条約」登録地の例
×日本国内の世界ジオパーク

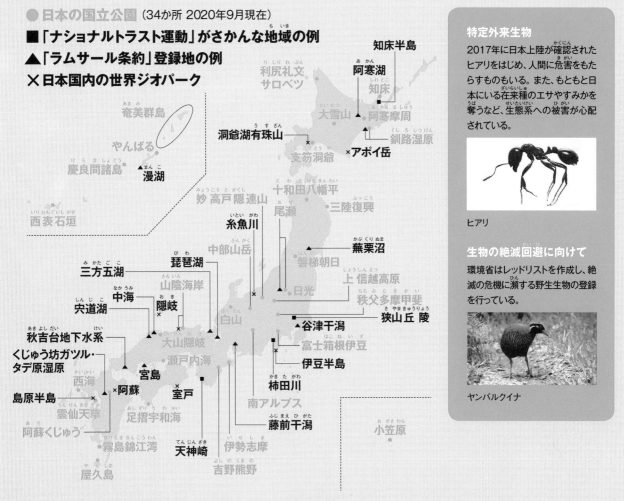

利尻礼文サロベツ
奄美群島
やんばる
慶良間諸島
▲漫湖
西表石垣
知床半島
阿寒湖
知床
大雪山
阿寒摩周
釧路湿原
洞爺湖有珠山
支笏洞爺
×アポイ岳
妙高戸隠連山
尾瀬
十和田八幡平
三陸復興
糸魚川
中部山岳
▲蕪栗沼
磐梯朝日
上信越高原
日光
三方五湖
琵琶湖
山陰海岸
隠岐
中海
宍道湖
白山
秩父多摩甲斐
▲谷津干潟
狭山丘陵
富士箱根伊豆
伊豆半島
秋吉台地下水系
大山隠岐
瀬戸内海
くじゅう坊ガツル・タデ原湿原
西海
宮島
×阿蘇
室戸
柿田川
島原半島
雲仙天草
阿蘇くじゅう
足摺宇和海
霧島錦江湾
天神崎
藤前干潟
伊勢志摩
小笠原
南アルプス
屋久島
吉野熊野

特定外来生物
2017年に日本上陸が確認されたヒアリをはじめ、人間に危害をもたらすものもいる。また、もともと日本にいる在来種のエサやすみかを奪うなど、生態系への被害が心配されている。

ヒアリ

生物の絶滅回避に向けて
環境省はレッドリストを作成し、絶滅の危機に瀕する野生生物の登録を行っている。

ヤンバルクイナ

ナショナルトラスト運動
イギリス発祥の環境保護運動。市民が自分たちのお金で身近な自然や歴史的環境を買い取って守るなどして、保護・保全する運動。

ラムサール条約
1971年にイランのラムサールで結ばれた条約で、正式名称は「特に水鳥の生息地として国際的に重要な湿地に関する条約」という。日本では、釧路湿原が最初の登録地。

国立公園
自然公園法に基づき、環境大臣が指定し、環境省（国）が管理する公園。現在、日本に34か所ある。なお、これとは別に、都道府県が管理している国定公園がある。

特定外来生物
人間の活動によって他の地域から入ってきた、生態系・人の生命・身体などに被害をおよぼす外来種を特定外来生物といい、そのうち、生物多様性に悪影響を与えるものを侵略的外来種と定義している。

レッドリスト
絶滅のおそれのある国内の野生生物を、絶滅の危険度などに応じて分類したもの。環境省が独自に作成しているレッドリストには、3716（海洋生物も含めると3772）種もの野生動物が登録されている（2020年）。

ジオパーク
日本語で「大地の公園」を意味する。自然の地質や文化的景観の保全、教育的プログラムなどを通し地域振興につなげる活動を行っている。

2020年9月、新型コロナウイルスの終息を願い、京都市上京区の北野天満宮では、1467年に始まった応仁の乱以降途絶えていた、神式（神道の方式）・仏式（仏教の方式）合同の儀式「北野御霊会」がおよそ550年ぶりに行われ、北野天満宮に迎え入れられた延暦寺の僧侶たちが、北野天満宮の神職たちとともに祈りを捧げました。

北野天満宮は、全国に約1万2000社ある天満宮や天神社の総本社の神社であり、「学問の神様」として知られる菅原道真を祭っていることでも知られています。受験生である皆さんのなかには、これらの神社で頂いたお守りを鞄などにつけている方もおられるのではないでしょうか。

2020年が始まった時、今年がこうなることを、だれが想像できたでしょうか。訪日外国人旅行者（インバウンド）に重きを置いた観光業や東京オリンピック・パラリンピック開催に向けた準備など、2010年代に行われてきた様々な取り組みは新型コロナウイルスの流行によって多大な影響を受け、日本経済は方針転換を迫られました。また、小学校の休校や夏休みの短縮、学校行事の縮小など、新型コロナウイルスの流行はわたしたちの暮らしにも影響を及ぼしました。

時事問題には2つの種類があります。1つは後世に語り継がれる歴史的な出来事として残るような出来事（イベント・国や地方の制度の策定・紛争・災害など）です。そしてもう1つが、時事的な出来事を通じて、普遍的な事がら（時代が変わっても変わらないようなもの）に気づくものです。新型コロナウイルスの流行が歴史に残る出来事であれば、それに対して神職と僧侶の方々がともに祈りを捧げた「北野御霊会」に見られる、「困難な出来事に対してともに手を取り合うこと」は、これまでも、これからも、様々な場面であらわれるのではないかと、わたしは信じたいと思います。

入試に出題されると予想される様々な出来事について取り上げた本書もまた、皆さんの将来への積み重ねとなり、栄冠を勝ち取るための1冊となることを期待しています。

浜学園　教科指導部　社会科主査　**上田星一**

法要を営む延暦寺の僧侶ら（4日午前、京都市上京区で）＝土屋功撮影

神仏共に終息願う
550年ぶり 北野御霊会

新型コロナウイルスの終息を願い、北野天満宮（京都市上京区）は4日、天台宗総本山・比叡山延暦寺（大津市）と、神式・仏式合同の「北野御霊会」を約550年ぶりに執り行った。

北野御霊会は平安時代の987年、同宮が朝廷の命を受け、同寺と世の安寧を願う例祭として始まった。江戸末期まで行われてきたが、僧侶が問答する法要を含む正式な形での御霊会は1467年に始まった応仁の乱以降、途絶えていたといい、コロナ禍を受けて、古来の儀式を再興させようと計画した。

午前10時過ぎ、橘重十九宮司らが重要文化財の三光門で十数人の僧侶を出迎え、並んで本殿の中へ。橘宮司が神前で祝詞を、森川宏映・天台座主が祭文をそれぞれ奏上した後、僧侶同士が向かい合って座り、経典の教義を問答する法要を営み、読経するなどした。

（読売新聞）2020年9月4日付

1 紫外線や波の力で細かく砕かれたプラスチックを何といいますか。

2 プラスチックの原料である、原油を精製してつくられるものは何ですか。

3 エコバッグ（マイバッグ）を持参して不要なレジ袋を減らすことは、3Rのうちのどれにあてはまりますか。

4 重大な災害の起こる恐れが著しく大きいことを知らせるため、最大級の警戒をよびかける防災情報を何といいますか。

5 次々と発生する発達した積乱雲が、列をなしたように連なり、数時間にわたってほぼ同じ場所を通過、またはとどまることでつくりだされる、強い降水をともなう雨域を何といいますか。

6 災害用伝言ダイヤルの電話番号は何番ですか。

7 自然災害による被害を予測し、その被害の範囲や程度、避難経路や避難場所などを記した地図を何というか答えなさい。

8 「⛩」の地図記号が表すものは何ですか。

9 西日本を中心とした太平洋側の沖合約100kmの海底にある、延長約700kmの溝を何といいますか。

10 統計史上初めて、2020年7月に発生しなかった気象現象は何ですか。

11 日本における、宇宙開発・研究・利用政策を技術で伝える中核的実施機関の略称をアルファベットで答えなさい。

12 2019年に「はやぶさ2」が着陸に成功した小惑星の名前を答えなさい。

13 約77万年前〜約12万6000年前の地質時代の国際標準模式地となった日本国内の地層は何県にありますか。

14 13の地質時代のころにはすでに絶滅していたものを次から選び、記号で答えなさい。
　　ア 恐竜　**イ** マンモス　**ウ** ネアンデルタール人

15 平和賞を除いたノーベル賞の授賞式が例年行われるストックホルムは何という国の首都ですか。

2021年 入試予想問題

1　次の文章を読んで、あとの問いに答えなさい。

日本は地震が多いことで知られています。１９９５年の阪神・淡路大震災、２０１１年の①東日本大震災では大きな被害がでました。大地震は断層のほか、②プレートの境界で発生することが多く、日本列島の近くにはプレートの境界がいくつも存在します。近い将来には南海トラフ地震が発生するだろうと予測されています。

環太平洋造山帯に属している日本には火山も多く、③噴火による災害も頻繁に発生しています。また台風による災害もよく起きており、近年では大雨による洪水や土砂崩れなどによる④風水害も増えています。わたしたちは、いつどのような形で災害に見舞われるかわかりません。日常的に⑤防災の意識を高め、災害に対する備えをしておく必要があります。

問1　下線部①について、次の問いに答えなさい。

(1)　東日本大震災からの復興を目的として２０１２年から期間限定で設置された省庁を何といいますか。

(2)　東日本大震災の「地震の規模をしめす数値」は９．０で、日本の観測史上最大規模でした。この「地震の規模を示す数値」をカタカナで答えなさい。

(3)　右の［表］は東日本大震災で起きた事故が日本の電力供給（発電電力量：単位＝百万 kWh）に与えた影響を示しています。その事故を明らかにして、表から読み取れる震災の影響を簡単に答えなさい。

［表］
単位：百万kWh

	水力	火力	原子力	その他	合計
2010年度	90681	771306	288230	6670	1156888
2018年度	87398	823589	62109	27084	1000409

（「日本国勢図会2020/21」より）

問2　下線部②について、日本は４つのプレートが集まる境界に位置します。その４つのプレートとして誤っているものを選び、記号で答えなさい。

ア．ユーラシアプレート　　　イ．北アメリカプレート

ウ．フィリピン海プレート　　　エ．オーストラリアプレート

問3　下線部③について、日本の火山噴火の災害について述べた説明として誤っているものを選び、記号で答えなさい。

ア．江戸時代の浅間山の大噴火では、火山灰で農作物が実らず、天明の大飢饉の原因になった。

イ．１９１４年の桜島の大正大噴火では、海にまで溶岩が流れ出て、島と薩摩半島が陸続きになった。

ウ．１９９１年の島原半島での雲仙・普賢岳の噴火では、火砕流が発生し、巻きこまれた人々が亡くなった。

エ．２０１４年の御嶽山の噴火では、噴火の予兆がなかったため、登山客が噴火に巻きこまれた。

問4　下線部④について、風水害による被害とそれを防ぐための対策の組み合わせとして適切なものを次から選び、記号で答えなさい。

ア．土石流：砂防ダム　　　イ．赤潮：防潮堤　　　ウ．がけ崩れ：堤防

問5 下線部⑤について、次の問いに答えなさい。

(1) 災害への備えとして誤っているものを次から選び、記号で答えなさい。

　　ア．食料などの備蓄をしておく。　　　イ．転倒しないように家具を固定しておく。

　　ウ．避難経路と避難場所を確認しておく。

　　エ．古い建物はすぐに逃げ出せるように窓のカギを開けておく。

(2) 電気・ガス・水道・通信・交通などのインフラと生活に必要な設備やシステムを何といいますか。カタカナで答えなさい。

---

2 次の文章を読んで、あとの問いに答えなさい。

> 　2020年、日本初の人工衛星「おおすみ」が打ち上げられてから50周年を迎えました。人類の宇宙開発はどのように行われてきたのでしょうか。
>
> 　第2次世界大戦後、航空技術の発達にともない宇宙開発が活発に行われるようになりました。1957年に世界初の人工衛星「スプートニク1号」がソビエト連邦によって打ちあげられると、①アメリカ合衆国とソビエト連邦の間で激しい宇宙開発競争がくり広げられ、「アポロ11号」が人類史上初めて月面着陸を成し遂げました。「アポロ11号」が持ち帰った「月の石」は、国立科学博物館で初めて展示されました。続いて月面着陸をはたした「アポロ12号」が持ち帰った「月の石」は1970年に大阪で開催された②日本万国博覧会で展示されました。
>
> 　その後、日本でも宇宙探査は進められ、2003年には③宇宙航空研究開発機構の探査機「はやぶさ」が小惑星イトカワに旅立ちました。「はやぶさ」は帰還の途中で深刻な故障に見舞われ、一時は消息を絶ちましたが、奇跡の帰還を果たしました。後継機である「はやぶさ2」は④小惑星の探査を行い、この小惑星が太陽に接近していた証拠となる地表の物質のほか、内部の物質も採取できたものとみられています。「はやぶさ2」はすでに地球に向かっており、順調に進めば年末には地球に帰還を果たします。

問1 下線部①について、このような宇宙開発競争が行われた理由を、当時の国際情勢を明らかにして答えなさい。

問2 下線部②について、次の問いに答えなさい。

(1) 1970年の大阪万博以後の出来事として正しいものを次から選び、記号で答えなさい。

　　ア．東海道新幹線が開通した。　　　イ．日本が中華人民共和国と国交を結んだ。

　　ウ．東京でアジア初のオリンピックが開催された。　　　エ．日韓基本条約が締結された。

(2) 右の[表]は戦後、日本で開催された万国博覧会についてまとめたものです。空欄にあてはまる語句を次から選び、それぞれ記号で答えなさい。

　　ア．神奈川　　　イ．愛知

　　ウ．夢洲　　　エ．咲洲　　　オ．人類の進歩と調和　　　カ．より良い都市、より良い生活

[表] ※注：[表]中の万国博覧会は登録博

	1970年	2005年	2025年(予定)
開催地	大阪（千里丘陵）	（　①　）	大阪（　②　）
テーマ	（　③　）	自然の叡智	いのち輝く 未来社会のデザイン

問3 下線部③について、この機構の略称として正しいものを次から選び、記号で答えなさい。

　　ア．NASA　　　イ．WHO　　　ウ．JAXA　　　エ．IAEA

問4 下線部④について、この小惑星の名前をカタカナで答えなさい。

3　次の文章を読んで、あとの問いに答えなさい。

　日本の工業は、「太平洋ベルト」を中心に発展してきました。より便利な暮らしや、経済発展のための工業化がおし進められましたが、①各地に公害が発生しました。公害は人間の経済活動（工業や産業の発達）の結果によって発生し、われわれの健康や環境に被害を及ぼすもので、②その内容は多岐にわたり、実に様々なものがあります。

　先進国では近年、経済活動による③環境破壊を防止しようとする意識が、ヨーロッパを中心に高まっています。しかし、発展途上国では、自国の経済活動や利益を求めることを優先したり、先進国の間でも環境問題やこれからの経済の在り方に対する考え方の違いもあります。このように、経済の拡大を優先してきた先進国と、これから開発を進めようとする途上国との対立、先進国の間での意見の相違を解決することが、今後の環境問題解決の課題といえるでしょう。

問1 下線部①について、右の [表] 中A〜Cに適語を入れなさい。

問2 下線部②について、大気汚染や水質汚濁など「典型7公害」を列挙している、1993年に制定された、わが国の環境政策の根幹を定めた法律の名称を答えなさい。

[表]

	公害病の名称	発生した県	原因となった物質
1	水俣病	熊本県	有機水銀
2	第二水俣病	A 県	有機水銀
3	イタイイタイ病	B 県	C
4	四日市ぜんそく	三重県	亜硫酸ガス

問3 下線部③について、世界的規模で発生している環境問題について、以下の問いに答えなさい。

[A] 産業革命以降、地球の平均気温は上昇を続けている。その温暖化の主たる原因とされる、二酸化炭素やメタンなどをまとめて、何といいますか。

[B] 二酸化炭素の排出量について示した右の [表] 中の (あ)・(い) にあてはまる国をそれぞれ答えなさい。

[C] 流域で熱帯雨林の破壊が急速に進んでいる、流域面積が世界でもっとも広い川を何といいますか。

[D] 海洋汚染の原因となるプラスチックごみについて述べた文として誤っているものを次から選び、記号で答えなさい。

[表]

t＝トン、CO_2

国別排出量		1人あたり排出量	
（ あ ）	93億t〈28.4%〉	（ い ）	14.61t
（ い ）	48億t〈14.6%〉	ロシア	10.64t
インド	22億t〈6.7%〉	日本	8.94t
ロシア	15億t〈4.6%〉	（ あ ）	6.67t
日本	11億t〈3.4%〉	インド	1.61t

※「日本国勢図会2020/21」より。データは2017年

　　ア．海に捨てられたプラスチックごみを魚などが食べて死んでしまうことが問題になっている。

　　イ．2020年7月より、プラスチックごみを減らすためにレジ袋の有料義務化が始まった。

　　ウ．ペットボトルは回収してリサイクルされるため、今後も使い続けて構わないとされる。

　　エ．プラスチックごみは自然に返らないため、回収しないと長期間残り続けるものである。

1 解答欄

問1	(1)		(2)	
	(3)			

| 問2 | | 問3 | | 問4 | | 問5 | (1) | | (2) | |

2 解答欄

問1	

| 問2 | (1) | | (2) | ① | | ② | | ③ | | 問3 | |

問4	

3 解答欄

問1	A		B		C	

問2	

問3	A		B	あ		い	
	C		D			

適性検査・表現型問題

1

防災や災害発生時の対応について、次の課題に取り組みなさい。

課題1 右の［図］は「マイクログリッド」とよばれる、地域に発電設備と蓄電池を設け、電力供給を行う仕組みです。このように地域内の発電で電力をまかなうことを、「電力の地産地消」といいます。「マイクログリッド」の長所を防災の観点から説明しなさい。

課題2 かつてその地域で災害があったことを後世に伝える石碑やモニュメントをあらわす「自然災害伝承碑」の地図記号が2019年に登場しました。この地図記号は、どのような期待からつくられたと考えられるか説明しなさい。

［図］

（「読売新聞」2018年11月20日付）

課題 1	
課題 2	

2

地球環境問題について、次の課題に取り組みなさい。

課題1 2020年7月から、スーパーマーケットなどで商品を購入した際にわたされるレジ袋の有料化が義務化されました。そのことで、どのような効果が期待できますか。右の［資料］をふまえて説明しなさい。

課題2 次の［地図］は、世界の環境問題について示したものです。これを見て、酸性雨の被害が深刻な地域はどのような地域か説明しなさい。

［資料］

（「読売新聞」2019年3月15日付）

［地図］

課題 1	
課題 2	

解答と解説

第 1 章 ｜ 新型コロナと生活

一問一答

1 WHO（世界保健機関）　　2 パンデミック

3 ロックダウン　　4 武漢

5 ソーシャルディスタンス　　6 内閣総理大臣

7 知事（都道府県知事）　　8 密集・密接・密閉

9 クラスター　　10 オーバーシュート

11 テレワーク（リモートワーク）

12 オフピーク出勤　　13 パラリンピック

14 菅義偉　　15 グリーンリカバリー

入試予想問題

1 問1（1）武漢　（2）エ　（3）RNA

問2（1）パンデミック　（2）WHO

問3（1）ロック　（2）**解答例：** 日本では、家の中で履き物（靴）を脱ぐ習慣がみられる。

問4 アメリカ

問5 **解答例：** 新型コロナウイルス患者用の病床や施設を早期に充実させる。

解説　問1（2）ア 北京、イ 上海、ウ 香港、エ 武漢

（3）DNA（デオキシリボ核酸）と区別しましょう。

問3（2）ヨーロッパでは挨拶の際にハグなどを行う習慣があります。

問4 2020年6月、トランプ大統領はWHOが中国寄りの姿勢をとっているとして、アメリカのWHOからの離脱を宣言しました。

2 問1 イ

問2（1）安倍晋三　（2）① 知事　②ウ　③ウ

問3 不　　問4 8%

問5（1）密閉

（2）ソーシャル（ディスタンス）　（3）エ

問6（1）10万円　（2）ア

（3）マイナンバー（カード）

解説　問1（2）② アは大阪府知事、イは北海道知事、ウは東京都知事、エは経済再生担当大臣兼新型コロナ対策担当大臣です。（2020年9月現在）　③ 改正新型インフルエンザ特措法の下で都道府県知事は他の都道府県民に対し来訪を自粛するよう要請できますが、強制力はありません。

問4 2020年9月現在の消費税率は10%（標準税率）ですが、飲食店におけるお持ち帰りやスーパーマーケットなどにおける食料品の購入には軽減税率（8%）が適用されます。

問5（2）ソーシャルディスタンス（社会的距離）とほぼ同じような意味で、フィジカルディスタンス（身体的距離）が用いられることもあります。

3 問1（1）インバウンド

（2）**解答例：** 多言語案内を充実させる。

問2（1）**解答例：** 日中戦争が激化し、オリンピックの開催が困難になったから。

（2）スポーツの日

問3 国土交通省

解説　問2（1）太平洋戦争は1941年開戦なので、あてはまりません。

適性検査・表現型問題

1 課題1 **解答例：** メニューを税込み（消費税込み）の切りの良い価格とすることで、お釣りの硬貨の枚数を減らし、人と人との接触時間（接触機会）を減らすことができる。

（同意可）

課題2 **解答例：** 理科の実験や家庭科の調理実習など、人と人とが近づきやすい活動。（同意可）／音楽の授業における合唱やリコーダーの演奏など、飛沫が発生しやすい活動。（同意可）

2 課題 **解答例：** 人の移動が制限された地域では、自動車などの通行量が激減したことにともない、（硫黄酸化物などを含む）排出ガスの排出量も減少したため、二酸化炭素の排出量が減少し、大気汚染が改善された。（同意可）

第2章

感染症の歴史

一問一答

1 検疫　　2 成田国際空港　　3 ペスト

4 北里柴三郎　　5 コレラ

6 （ロベルト・）コッホ　　7 天然痘

8 聖武天皇　　9 結核　　10 小村寿太郎

11 正岡子規　　12 アマビエ

13 スペイン風邪　　14 中立国

15 ハンセン病

入試予想問題

1　問1 A 弥生　B 清少納言

C 望月　D 藤原道長

問2 X エ　Y ウ　Z ア

問3 1 ウ　2 エ　3 ア

問4 藤原（京）　　問5 ア

問6 日本の関税自主権を回復（完全回復）した。

問7 エ

解説　問3 1822年当時、日本と貿易をしていた国はオランダと清のみで、かつ、貿易の窓口は長崎でした。

問5 アは正岡子規、イは森鷗外、ウは夏目漱石、エは石川啄木の写真です。

問7 ア 長篠の戦いが起きた際の武田家当主は武田信玄の息子、武田勝頼でした。イ 関ヶ原の戦いで西軍に属しながらも、戦後、徳川家康から薩摩国・大隅国などの領土を安堵されたのは島津義弘です。ウ 北信濃の土地をめぐり、上杉家と武田家が戦ったのは「桶狭間の戦い」ではなく「川中島の戦い」です。

2　問1 墾田永年私財（の）法　　問2 厳島神社

問3 マルコ・ポーロ

問4 日本は相手国に対して領事裁判権（治外法権）を認めていたこと。

問5 ロシアから賠償金を得ることができなかったから。

解説　問4 もう1つの不平等な点として、日本に関税自主権がなかったことがあげられます。

3　問1 国分寺（国分尼寺）　　問2 東大寺

問3 ウ　　問4 吉野　　問5 イ

問6 北里柴三郎　　問7 ア

解説　問7 日清戦争において、日本は台湾・澎湖（ポンフー）諸島・遼東（リャオトン）半島を清から獲得しました。しかし、ロシア・ドイツ・フランスが遼東半島の返還を日本に求めました（三国干渉）。

適性検査・表現型問題

1　課題　解答例：西日本から江戸へ向かう街道には、箱根をはじめとした関所が整備されており、人々が往来する際には関所を通らなければならなかったので、幕府は関所で人の往来を制限することができたから。（同意可）

解説　課題 江戸幕府は五街道に、箱根関や碓氷関などの関所を設けました。江戸幕府はとくに、「入り鉄砲に出女」（江戸に武器を持ちこまれること、人質であった大名の妻子が領国に脱出すること）を徹底的に防いでいたため、関所の通過には手形とよばれる許可証が必要でした。関所を通らずに通行する「関所破り」をした場合は、磔などの厳罰を科されることもありました。

2　課題　（賛成の場合）解答例：早期に集会や行動の制限を行えば、死者が爆発的に増加することを防ぐことができ、感染症による死者の総数を減らすことができるから。（同意可）

（反対の場合）解答例：集会や行動の制限は人権を制限することであり、制限をしても感染症がすぐには収束せず、少ないながらも死者がでる事態が続くことになるから。（同意可）

解説　課題 賛成・反対を述べる場合は必ずその根拠を述べましょう。素早く集会や行動などの制限を課した場合は、死者の増加をおさえられる代わりに感染が長引く恐れがあること。制限が遅れた場合には、人権を制限しない代わりに、短期間に多くの人が命を落としてしまう可能性があることを各[資料]から確認しましょう。

第3章 日本の政治と暮らし

一問一答

1 FTA　　**2** TPP11　　**3** GDP　　**4** 総務省

5 ふるさと納税　　**6** 10%

7 キャッシュレス決済　　**8** AI　　**9** ビッグデータ

10 受動喫煙　　**11** 18歳　　**12** イ

13 渋沢栄一　　**14** 大阪・関西万博

15 アイヌ民族

入試予想問題

1　[I] **問1** ウ

問2（1）ウ　　（2）直接請求権

（3）地方交付税交付金

問3（1）エ　　（2）累進課税制度

[Ⅱ] **問1** あ 2022（年）　い（国民）投票

問2（1）法務省　（2）ア

問3 18歳　　**問4** エ　　**問5** ア

問6 ア　　**問7** ウ　　**問8** 分煙

解説　[I] **問2**（1）**ウ** 条約の締結は、内閣が行います。
（3）特定の仕事を行う費用として、国から地方公共団体に支給される資金は国庫支出金です。
[Ⅱ] **問2**（2）**ア** 国事行為は内閣の助言と承認が必要です。
問4 ア 天皇の国事行為、**イ** 平和主義（戦争放棄）、**ウ** 生存権を規定しています。
問5 イ 国家公安委員会、**ウ** 文部科学省、**エ** 国土交通省に属しています。
問6 イ 固定電話（IP電話の多くを含む）、**ウ** IP電話を示しています。

2　[I] **問1** 非正規　　**問2** ア
[Ⅱ] **問1** **解答例：**日本国内の生産拠点が海外に移転することにより、日本の産業がおとろえてしまうこと。
問2 グローバル（化）
問3（1）関税
（2）**解答例：**関税の引き下げや廃止によって、自動車工業などで製品輸出が拡大し、組み立て型工業が発達する。／関税の引き下げや廃止によって、今まで以上に海外から安い農作物が入ることになり、日本国内の農家の生活が苦しくなる。（同意可）
解説　[I] **問2 イ**は国債費、**ウ**は地方交付税交付金、**エ**は公共事業関係費です。

3　**問1** SNS　　**問2** 光ファイバー　　**問3** イ
問4 A メディアリテラシー　B 個人情報　C 著作権
解説　**問1** ソーシャル・ネットワーキング・サービスの略称です。フェイスブック、ツイッター、インスタグラムなどがあげられます。
問2 光ファイバーは海底ケーブルだけではなく、国内でも通信技術に使用されています。
問3 インターネットは1990年代半ばから急速に広まりました。**ア**はテレビ、**ウ**は雑誌、**エ**はラジオ、**オ**は新聞です。

適性検査・表現型問題

1　**課題1** 契約
課題2 **解答例：**自分で判断したことについて自ら責任を負うことになります。（同意可）
課題3 **解答例：**参議院議員通常選挙の年代別投票率は、年齢の高い世代ほど投票率が高くなる傾向にあることから、高齢者の政治に対する影響力が増大し、若い人の意見が政治に反映されにくくなる。（同意可）
解説　**課題2**「自立している」「大人としての判断力が備わっている」などから、どのような文章を書くべきか判断しましょう。

2　**課題** **解答例：**少子高齢化が進み、年金や医療保険などにかかる費用が増え、歳出に占める社会保障関係費の割合が増加する。（同意可）

第4章 | 海外の出来事

一問一答

1 EU **2** イギリス **3**（ボリス・）ジョンソン

4 公民権法 **5** 中国 **6** 習近平

7 香港 **8** ドナルド・トランプ

9 ジョー・バイデン **10** 知的財産権

11 ロシア **12** 持続可能 **13** ジェンダー

14 エ **15** アントニオ・グテ（ー）レス

入試予想問題

1 問1 （1）EU（欧州連合）

（2）**解答例**：欧州連合域内に移民が増えると、仕事を奪われると考える人が多かったから。（同意可）

問2 （アンゲラ・）メルケル

問3 モスク 問4 ウ

問5 （1）イ （2）日韓基本条約 問6 ア

問7 （1）パリ協定

（2）Ⅰ ア Ⅱ （ウッドロウ・）ウィルソン

解説 ［地図］中の国や地域は次の通りです。①イギリス、②ドイツ、③トルコ、④イスラエル、⑤韓国、⑥台湾、⑦アメリカ

問5（1）**ア**は環太平洋経済連携協定、**イ**は世界貿易機関、**ウ**は経済連携協定、**エ**は自由貿易協定の略称です。

問6 ア・ウは沖縄県、**イ**は長崎県、**エ**は東京都の島です。

問7（2）[Ⅰ] **イ**はアメリカのミュージシャン、**ウ**はアメリカ初の黒人系大統領、**エ**は南アフリカでアパルトヘイト撤廃に尽力した同国初の黒人大統領です。

2 問1 ニューヨーク 問2 エ

問3 （1）ユネスコ （2）ウ 問4 イ

問5 （1）SDGs （2）食品ロス（フードロス）

（3）ジェンダー （4）厚生労働省

解説 **問2 ア**はイギリス、**イ**は中国、**ウ**はアメリカ、**エ**はイタリアについて述べています。安全保障理事会の常任理事国はアメリカ・ロシア・イギリス・フランス・中国の5か国です。

問3（2）**ウ**の青年海外協力隊は、JICAが実施しているボランティアの海外派遣制度です。

3 問1 清 問2 イ 問3 エ

問4 天安門事件

解説 **問2 ア**は1991年、**イ**は2011年、**ウ**は1989年、**エ**は1991年です。

適性検査・表現型問題

1 理由 **解答例**：共同で生産や流通を担うことによって、石炭や鉄鋼が軍事目的で利用されることを防ぐことができるから。（同意可）

2 国名 インドネシア 理由 インドネシアは国民の多くがイスラム教徒だから。

3 課題 目標1 **解答例**：適正な価格で継続的に購入することで、発展途上国の人々の収入が向上し、自立をうながすことができる。（同意可）

目標12 **解答例**：フェアトレードの商品を購入することで、発展途上国の人々の暮らしの向上に貢献することができる。（同意可）

第5章 | 自然と科学

一問一答

1 マイクロプラスチック　　2 ナフサ

3 リデュース　　4 特別警報　　5 線状降水帯

6 171番　　7 ハザードマップ

8 自然災害伝承碑　　9 南海トラフ

10 台風　　11 JAXA　　12 リュウグウ

13 千葉県　　14 ア　　15 スウェーデン

入試予想問題

1 問1（1）復興庁　（2）マグニチュード

（3）解答例：福島第一原発事故の影響で原子力発電所の安全確認が慎重になったため、原子力発電による電力の供給が減少した。（同意可）

問2 エ　　問3 イ　　問4 ア

問5（1）エ　（2）ライフライン

解説　問1（1）復興庁は2031年3月末までの期間限定で設置予定です。

問3 イ 桜島は1914年の噴火で大隅半島と陸続きになりました。

2 問1 解答例：冷戦のさなか、文化や科学技術などの国力が優れていることを示す目的で行われた。（同意可）

問2（1）イ　（2）① イ　② ウ　③ オ

問3 ウ　　問4 リュウグウ

解説　問1 解答例：宇宙開発競争におけるロケットの打ち上げ技術は、核ミサイルなどの軍事面に転用されました。

問2（1）アは1964年、イは1972年、ウは1964年、エは1965年です。

問3 アはアメリカ航空宇宙局、イは世界保健機関、ウは宇宙航空研究開発機構、エは国際原子力機関の略称です。

3 問1 A 新潟（県）　B 富山（県）

C カドミウム

問2 環境基本法

問3 A 温室効果ガス

B あ 中国　い アメリカ　C アマゾン川　D ウ

適性検査・表現型問題

1 課題1 解答例：大地震などによって電柱が倒れたり電線が切れたりしても、マイクログリッドによる電力を供給できる。（同意可）

課題2 解答例：災害があったことを後世に伝える石碑など存在が地域の人々から忘れ去られることを防ぎ、地域の人々の防災意識を高めることが期待される。（同意可）

2 課題1 解答例：海に流れこむプラスチックが減り、海洋生物への被害を少なくすることが期待できる。（同意可）

課題2 解答例：ブラジルやインドネシアなど、赤道付近の地域にみられる熱帯林の破壊が進行している。（同意可）

解説　課題1 ストローもレジ袋のようにプラスチック製のものが多くありますが、近年は紙ストローを提供する飲食店もみられます。

入試に勝つ新聞記事 2021　2020年11月10日　第1刷

共同編集	浜学園　駿台・浜学園　読売新聞教育ネットワーク事務局
編集人	花田吉雄
発行人	丸山淳一
発行所	読売新聞東京本社

東京本社　東京都千代田区大手町1の7の1　〒100-8055
大阪本社　大阪市北区野崎町5の9　〒530−8551
西部本社　福岡市中央区赤坂1の16の5　〒810−8581

協力	AP通信、ロイター通信、USA Today 公益財団法人東京オリンピック・パラリンピック競技大会 組織委員会、JAXA
編集・執筆	松本 茂、粟田 稔、榎 隆敏、前田 茂、上田星一、西島 優、 熊倉 健、行弘健一郎、峯 千裕、寺尾直貴、中澤康浩、塩崎 勉、 東谷清貴、永源 洸、松本真季、村上 諒、大西優里佳、朝田隼斗 （浜学園、駿台・浜学園）
編集	読売新聞東京本社教育ネットワーク事務局、中央公論新社 山本啓子（中央公論新社）
アートディレクター	大久保裕文（ベターデイズ）
デザイン	井上裕介、山口華子（ベターデイズ）
写真	読売新聞写真部
校閲	佐藤 剛／池田 繁（東京出版サービスセンター）
印刷所	図書印刷
製本所	図書印刷

本書は2020年10月15日現在までの
読売新聞記事をもとに、構成しています。

2021年 入試に勝つ 一問一答カード

- 2020年9月に内閣総理大臣に就任した人物はだれですか。

- 環境対策と経済対策を並行して行うことを何といいますか。

- 会社の部署をチームに分けて交代で勤務する仕組みを何といいますか。

- 最高気温35℃以上の日を何といいますか。

- 空港や港で行われる、病原体の侵入を防ぐために、国外からやってきた人が感染症などにかかっていないかを調べることを何といいますか。

- 日本で最も国際線の旅客数が多い空港はどこですか。

- 「黒死病」ともよばれる、感染すると高熱を出し、皮膚が内出血によって黒く変色する病気を何といいますか。

- 緊急事態宣言が発令された際に、住民への外出自粛要請や店舗への休業要請を出す権限を持つ首長の職制は何ですか。

- 新型コロナウイルスの感染防止のために避けるべき状態である「3密（3つの密）」にあてはまるものを、3つ全て答えなさい。

- 感染症の感染者集団のことを何といいますか。

- 患者の爆発的な増加を何といいますか。

- 情報通信技術を使って、自宅をはじめとした会社以外の場所で仕事をすることを何といいますか。

- 電車内における「3密（3つの密）」を避けるために、通勤ラッシュの時間帯をずらして出勤することを何といいますか。

- オリンピックのあとに開かれる、障害者のスポーツ大会を何といいますか。

- 感染症対策を行う国連の機関を何といいますか。

- 2020年3月に国連の機関が宣言した、感染症の世界的流行を何といいますか。

- ロンドン、パリ、ニューヨークなど、世界各地の大都市で実施された都市封鎖のことをカタカナ6字で何といいますか。

- 新型コロナウイルス感染の流行で、都市封鎖が世界で初めて行われた中国の都市はどこですか。

- 新型コロナウイルスの感染防止のために、人と人との距離を保つ「社会的距離」を意味する言葉は何ですか。

- 改正新型インフルエンザ特措法に基づき、新型コロナ担当大臣を任命したり、緊急事態宣言を発表したりする行政府の長を何といいますか。

菅義偉（すがよしひで）

知事（都道府県知事）

WHO（世界保健機関）

グリーンツリカバリー

密集・密接・密閉（みっしゅう・みっせつ・みっぺい）

パンデミック

スプリットチーム制

クラスター

ロックダウン

検疫（けんえき）

オーバーシュート

武漢

猛暑日（もうしょび）

テレワーク（リモートワーク）

ソーシャルディスタンス

成田国際空港

オフピーク出勤（しゅっきん）

ペスト

パラリンピック

内閣総理大臣（ないかく）

一定の期間において、国内で生産された付加価値の金額の総合計を、アルファベット3字で何といいますか。

「日本に居住する全ての世帯・人」を対象に5年に1度行われる国勢調査（センサス）を担当する省庁はどこですか。

自分の住む地方自治体ではなく、応援したい自治体に寄付を行うことで、自分の住む地方自治体へ納めた金額の一部を控除できる制度を何といいますか。

2019年10月から、消費税（標準税率）は何％になりましたか。

近年、日本でも普及が進みつつある、電子マネーやクレジットカードなどの現金以外でお金を支払うことを何といいますか。

人工知能の略称をアルファベット2字で答えなさい。

「スーパーシティ構想」などで活用が期待されている、様々な方法で集めた大量の情報を何といいますか。

感染症で命を落とした人物で、「柿くえば鐘が鳴るなり法隆寺」などの俳句で知られる人物はだれですか。

江戸時代の書物にあらわれる、疫病を予言するとされる妖怪を何といいますか。

第1次世界大戦中の1918年にアメリカ軍基地のなかから発生したとされるインフルエンザを何といいますか。

1918年から世界的に流行した感染症の名前にあてはまる国は、第1次世界大戦において、連合国・同盟国のどちらにも属さない（　）でした。（　）にあてはまる語句を答えなさい。

らい菌によって引き起こされ、皮膚と末しょう神経がマヒし、皮膚に様々な症状があらわれる病気を何といいますか。

日米貿易協定は「自由貿易協定」に分類されます。「自由貿易協定」の略称をアルファベット大文字3字で答えなさい。

「環太平洋パートナーシップに関する包括的及び先進的な協定」の略称を答えなさい。

破傷風菌や黒死病ともいわれる病気の菌を発見し、2024年発行予定の新1000円札の肖像にも選ばれた人物はだれですか。

感染すると下痢や嘔吐の症状が出て、急激な脱水症状によって命を落とすこともある病気を何といいますか。

近代細菌学の開祖と称される人物はだれですか。

感染すると高熱を出し、顔などに発疹（吹き出物）ができることができる病気を何といいますか。

疫病の流行などで混乱した世の中を救うために、大仏をつくるなどして仏教の力に頼った奈良時代の天皇はだれですか。

かつては「国民病」「亡国病」とよばれ、1935年時点における、日本人の死因第1位にあげられた病気は何ですか。

感染症で命を落とした人物で、アメリカとの間で関税自主権の完全回復を達成した交渉を行った人物はだれですか。

GDP

総務省

ふるさと納税

10%

キャッシュレス決済

AI

ビッグデータ

正岡子規

アマビエ

スペイン風邪

中立国

ハンセン病

FTA

TPP11

北里柴三郎

コレラ

（ロベルト・）コッホ

天然痘

聖武天皇

結核

小村寿太郎

現在の中国の国家主席はだれですか。

1997年にイギリスから中国に返還され、2020年7月より国家安全法が施行された、中国の特別行政区はどこですか。

2020年10月現在、アメリカの大統領はだれですか。

2020年11月に予定されているアメリカ大統領選挙における、民主党（アメリカ）の大統領候補者はだれですか。

発明や著作物など、人間が生み出した形のないものを守る権利を何といいますか。

2019年に失効した中距離核戦力全廃条約は、アメリカとどの国の間で結ばれていた条約ですか。現在のどの国の国名で答えなさい。

SDGsは「国連（　　　）な開発目標」の略称です。（　　　）にあてはまる語句を漢字4字で答えなさい。

沖縄県宜野湾市にあり、「世界一危険な基地」ともよばれているアメリカ軍基地の名前を答えなさい。

2018年に日本では26年ぶりに豚への感染が確認された、伝染力の強い感染症を何といいますか。

欧州連合の略称をアルファベット大文字2字で答えなさい。

2020年に欧州連合を離脱した国はどこですか。

欧州連合から離脱した国の首相はだれですか。

アメリカで1964年に成立した、アメリカ国内における人種差別を禁止した法律を何といいますか。

日本の在留外国人のうち、国籍別で最も多い国はどこですか。

たばこの先端から出る副流煙を、たばこを吸わない人が吸ってしまうことを何といいますか。

民法改正によって、2022年から成年年齢は何歳からになりますか。

成年年齢を引き下げ後も引き続き20歳まで認められないものとしてまちがっているものを次から選び、記号で答えなさい。
ア たばこを吸う　イ クレジットカードをつくる　ウ お酒を飲む

2024年より新たに1万円札の肖像に採用される、日本資本主義の父とよばれる人物はだれですか。

2025年に大阪府で開催が予定されている国際イベントは何ですか。

2020年7月に北海道白老町で開館した民族共生象徴空間「ウポポイ」。「ウポポイ」とは何という民族の言葉ですか。

バス高速輸送システムの略称をアルファベット大文字3字で答えなさい。

習近平（しゅうきんぺい） シー・ジンピン ○	普天間飛行場（ふてんまひこうじょう）（普天間基地） ○	受動喫煙（じゅどうきつえん） ○
香港（ホンコン） ○	豚熱（ぶたねつ） ○	18歳（さい） ○
ドナルド・トランプ ○	EU ○	1 ○
ジョー・バイデン ○	イギリス ○	渋沢栄一（しぶさわえいいち） ○
知的財産権（ちてきざいさんけん） ○	（ボリス・）ジョンソン ○	大阪・関西万博（おおさか・かんさいばんぱく） ○
ロシア ○	公民権法（こうみんけんほう） ○	アイヌ民族 ○
持続可能（じぞくかのう） ○	中国 ○	BRT ○

社会的・文化的な男女の違い（性別）を何といいますか。

イスラエルと国交がある中近東の国々として誤っているものを次から選び、記号で答えなさい。
ア アラブ首長国連邦　イ エジプト
ウ バーレーン　エ イラン

現在の国際連合の事務総長はだれですか。

多様な人種・民族が独自性を保ちながら暮らすアメリカ社会のことを何といいますか。

紫外線や波の力で細かく砕かれたごプラスチックを何といいますか。

プラスチックの原料である、原油を精製してつくられるものは何ですか。

エコバッグ（マイバッグ）を持参して不要なレジ袋を減らすことは、3Rのうちのどれにあてはまりますか。

重大な災害の起こる恐れが著しく大きいことを知らせるため、最大級の警戒をよびかける防災情報を何といいますか。

次々と発生する発達した積乱雲が、列をなしたように連なり、数時間にわたってほぼ同じ場所を通過、または停滞することでつくりだされる、強い降水をともなう雨域を何といいますか。

災害用伝言ダイヤルの電話番号は何番ですか。

自然災害による被害を予測し、その被害の範囲や程度、避難場所や避難経路などを記した地図を何というか答えなさい。

「〇」の地図記号が表すものは何ですか。

西日本を中心とした太平洋側の沖合約100kmの海底にある、延長約700kmの溝を何といいますか。

統計史上初めて、2020年7月に発生しなかった気象現象は何ですか。

日本における、宇宙開発・研究・利用政策を技術で伝える中核的実施機関の略称をアルファベットで答えなさい。

2019年に「はやぶさ2」が着陸に成功した小惑星の名前を答えなさい。

約777万年前〜約12万6000年前の地質時代の国際標準準模式地となった日本国内の地層は何県にありますか。

約777万年前〜約12万6000年前の地質時代のころにはすでに絶滅していたものを次から選び、記号で答えなさい。
ア 恐竜　イ マンモス　ウ ネアンデルタール人

平和賞を除いたノーベル賞の授賞式が例年行われるストックホルムは何という国の首都ですか。

2020年に運用が終了した、日本の無人の宇宙ステーション補給機を何といいますか。

今から100年前の1920年に設立された、世界の平和と安全を守るための国際組織を何といいますか。

JAXA（ジャクサ）　○　特別警報（とくべつけいほう）　○　ジェンダー

リュウグウ　○　線状降水帯（せんじょうすいたい）　○　エ

千葉県　○　171番　○　アントニオ・グテーレス

ア　○　ハザードマップ　○　人種のサラダボウル

スウェーデン　○　自然災害伝承碑（てんしょうひ）　○　マイクロプラスチック

こうのとり（HTV）　○　南海トラフ　○　ナウサ

国際連盟（こくさいれんめい）　○　台風　○　リデュース